Mes expériences en tant que bourreau

James Berry

(Editeur : H. Snowden Ward)

Writat

Cette édition parue en 2024

ISBN : 9789359942995

Publié par
Writat
email : info@writat.com

Contenu

INTRODUCTION.

L' de l'auteur et de l'éditeur de ce petit livre a été d'exposer, aussi clairement et aussi simplement que possible, certains faits et opinions concernant ce qui est sans aucun doute un sujet des plus importants : la réalisation de l'objectif ultime . phrase de la loi. Bien que les faits n'aient en aucune façon été éludés ou déformés, beaucoup de détails horribles ont été supprimés ; de sorte que les gens qui pourraient être tentés de reprendre le livre à la recherche d'une écriture descriptive épouvantable soient prévenus d'emblée qu'ils seront déçus.

On pense qu'une publication des expériences de M. Berry corrigera de nombreuses erreurs et idées fausses quant à la manière dont les peines capitales sont exécutées en Angleterre ; et que cela conduira à une considération de l'ensemble du sujet, d'un point de vue pratique plutôt que sentimental.

La gestion et, si possible, la régénération des classes criminelles est l'une des tâches les plus sérieuses que la civilisation ait à affronter ; et ceux qui entreprennent une telle tâche ont besoin de toute la lumière possible sur le sujet. Le bourreau public a de nombreuses et spéciales occasions d'étudier les classes criminelles et de connaître leur attitude et leurs sentiments à l'égard de la peine capitale que la civilisation considère comme son arme la plus puissante dans la guerre contre le crime. Lorsque, comme dans le cas de M. Berry, à son expérience de bourreau peuvent s'ajouter plusieurs années d'expérience dans diverses forces de police, l'homme qui a eu ces occasions exceptionnelles d'étudier la criminalité et la criminalité, doit nécessairement avoir rassemblé beaucoup d'informations et des opinions formées qui méritent attention.

Par conséquent, ce livre a un but plus élevé que le simple enregistrement des circonstances et des incidents de l'affaire la plus pénible dans laquelle un homme puisse s'engager. L'enregistrement est nécessaire, car sans les faits dont ils étaient saisis, les lecteurs ne pourraient pas se forger leur propre opinion ; mais on espère que les faits seront lus avec plus qu'une simple curiosité, que les lecteurs seront amenés à s'intéresser personnellement aux frères faibles et errants qui forment les classes criminelles, le ver de notre système social.

Une explication de la façon dont ce livre a été écrit n'est peut-être pas déplacée. Les déclarations sont *entièrement* celles de l'auteur, bien que dans de nombreux cas les mots soient ceux de l'éditeur, dont la tâche consistait à réarranger et à condenser très considérablement la masse de matière placée entre ses mains par M. Berry. La partie narrative et descriptive de l'ouvrage est tirée d'une série de carnets et d'un recueil de coupures de presse tenus par M. Berry ; qui inclut les détails les plus minutieux dans son journal. Un chapitre – « Ma première exécution » – est mot pour mot tel qu'il est écrit dans le journal, à l'exception du fait que quelques pages entières de détails descriptifs sont omises et indiquées par des points (ainsi....) Le chapitre « De la peine capitale ", et des parties d'autres chapitres, n'ont pas été rédigés en détail par M. Berry, mais ont été fournis sous forme de notes complètes, et les principales parties ont été dictées. Mais dans tous les cas, les opinions sont celles de l'auteur, avec lequel l'éditeur n'est en aucun cas entièrement d'accord personnellement.

CHAPITRE PREMIER.
Le bourreau à la maison.
PAR H. SNOWDEN WARD.

J À n'importe quel autre ouvrier quand on apprend à le connaître. Il n'est ni un modèle de perfection, ni une incarnation de tous les vices, bien que différentes classes de personnes l'aient parfois placé sous ces deux descriptions. Son caractère est une curieuse étude – un mélange de traits très forts et très faibles, comme on en trouve rarement chez une seule personne. Et même si l'un de ses points faibles est sa franchise typique du Yorkshire, qu'il essaie de contrôler autant que possible, celui qui n'est avec lui que depuis quelques jours n'a en aucun cas pénétré dans la profondeur de son caractère. Sa femme m'a dit plus d'une fois : « Cela fait dix-neuf ans que je vis avec lui, mais je ne le connais pas encore bien », et on peut bien le comprendre, tant son caractère est multiple et dans certains cas. respecte contradictoire. Cela explique en partie les points de vue variés et contradictoires sur sa personnalité qui ont été publiés dans différents journaux.

Son point fort est sa tendresse. On peut peut-être en douter, mais j'énonce le fait en connaissance de cause. L'occupation de M. Berry n'était en aucun cas inspirée par l'amour de l'horrible, ni par un quelconque plaisir du travail. Même dans son métier de bourreau, sa douceur de cœur s'est manifestée, car même si elle ne l'a jamais fait broncher sur l'échafaud, elle l'a amené à étudier avec le plus grand soin la science de son sujet et à prendre grand soin de rendre la mort indolore. .

De ce trait, j'ai eu de nombreuses preuves. Par exemple, je sais qu'à certaines occasions, alors qu'il devait se rendre à un lieu d'exécution, sa répugnance pour cette tâche était si grande que sa femme et sa mère ont été obligées d'utiliser la plus grande force de persuasion possible pour l'empêcher. il se soustrait à son devoir. Un autre exemple de cette caractéristique est apparu lorsque j'étais en train de réviser son manuscrit et ses coupures pour les besoins de ce livre. Je suis tombé sur une copie d'un poème « Pour un condamné à mort » et j'ai fait quelques recherches à ce sujet. J'ai découvert que ces lignes étaient certaines que M. Berry avait copiées d'un journal de Dorchester, et que depuis longtemps il avait l'habitude d'en faire une copie, de l'envoyer à l'aumônier dans tous les cas où un prisonnier était condamné à mort, en demandant qu'ils soient lus au prisonnier. Cela a continué jusqu'à ce que le gouverneur de l'une des prisons soit mécontent de l'envoi d'un tel poème à l'aumônier et laisse entendre que dans tous les cas, l'aumônier était le mieux à même de juger de ce qui était nécessaire pour le condamné et n'avait pas besoin d'aide extérieure. ingérence. Après cela, M. Berry n'envoya plus de poèmes, mais il en garda un ou deux exemplaires, et je pense que cela peut intéresser le lecteur.

LIGNES POUR UNE CONDAMNATION À MORT.

Mon frère, asseyez-vous et réfléchissez,

Pendant qu'il te reste encore quelques heures sur terre ;

Agenouille-toi devant ton Dieu, qui ne recule pas devant toi,

Et dépose tes péchés sur Christ, qui est mort pour toi.

Il repose sa main blessée

Avec bonté, sur ton front taché de péché,

Et dit : « Ici, à tes côtés, je me tiens prêt,

Pour rendre tes péchés écarlates aussi blancs que la neige.

"Je n'ai pas versé mon sang

Pour des anges sans péché, bons, purs et vrais ;

Pour les pécheurs désespérés, ce flot cramoisi a coulé,

Le sang de mon cœur a coulé pour toi, mon fils, pour toi.

« Même si tu m'as beaucoup affligé,

Mes bras de miséricorde sont toujours grands ouverts,

Je tiens toujours ouverte la porte brillante du paradis,

Venez donc, réfugiez-vous dans Mon côté blessé.

« Les hommes te fuient, mais pas moi,

Approchez-vous de moi, j'aime mes brebis égarées.

Mon sang peut nettoyer tes péchés de la teinture la plus noire,

   Je comprends, si seulement tu peux pleurer.

Les mots te manquent, peu importe,

Ton Sauveur peut lire même un soupir ou une larme ;

Je suis venu, cœur frappé par le péché, pour guérir et lier,

Et je suis mort pour te sauver – tu es cher à mon cœur.

Viens maintenant, le temps est court,

Désireux de pardonner et de bénir, j'attends ;

Regardez-moi, mes brebis si chèrement achetées,

Et dites : « pardonnez-moi, mais il est trop tard. »

La douceur de la nature de M. Berry le rendrait tout à fait inapte à son poste s'il n'était pas doté d'une forte résolution et capable de contrôler ses sentiments lorsqu'il trouve le devoir en guerre contre l'inclination.

D'apparence personnelle, c'est un homme d'apparence gentille, trapu et musclé, avec un teint fleuri et des cheveux blonds. Il mesure 5 pieds. 8½ pouces. haut, pèse 13 pierres et n'a pas l'air du genre d'homme à blesser volontairement qui que ce soit. L'apparence de sa joue droite est quelque peu gâchée par une longue et profonde cicatrice, s'étendant vers le bas depuis le coin de l'œil, qui a donné lieu à une ou deux histoires sensationnelles sous la plume de journalistes imaginatifs. La cicatrice a été causée par le coup de pied d'un cheval qu'il essayait de monter alors qu'il était un garçon d'une dizaine d'années. Le cheval était jeune, ininterrompu et vicieux, et son coup de pied a failli être fatal. Sur son front se trouve une autre grande cicatrice, résultat d'un coup terrible reçu lors de l'arrestation d'un personnage désespéré dans un pub de Bradford. L'homme faisait partie d'un gang de six personnes et ses camarades l'ont aidé à résister violemment à son arrestation, mais Berry est resté fidèle à son captif jusqu'à ce qu'il soit enfermé en toute sécurité à l'hôtel de ville de Bradford, et les six hommes ont tous dû « faire du temps » pour le agression.

M. Berry est né le 8 février 1852 à Heckmondwike, dans le Yorkshire. Son père était agrafeur de laine et occupait une bonne position dans le district. L'éducation du jeune Berry a été obtenue à la Wrea Green School, près de Lytham, où il a remporté plusieurs prix pour ses écrits et ses dessins. Ses capacités d'écriture lui furent utiles plus tard dans sa vie, lorsqu'il fut employé par un lithographe, pour écrire des transferts « sur plaque de cuivre ». En 1874, il se maria et eut six enfants. Parmi eux, deux garçons et une fille sont morts alors qu'ils étaient jeunes, et deux garçons et une fille sont en vie.

Le « bureau du bourreau », comme M. Berry aime l'appeler dans ses communications officielles, est une maison juste à côté de City Road, à Bradford. C'est l'une des six propriétés de M. Berry. Lorsqu'il prit pour la première fois le poste de bourreau, certains de ses voisins étaient tellement prévenus contre l'ouvrage qu'ils refusèrent de vivre « à côté d'un bourreau », et comme les propriétaires s'opposent naturellement à perdre deux ou trois locataires pour n'en garder qu'un, M. Berry fut obligé de déménager une ou deux fois et en vint à la conclusion qu'il valait mieux qu'il soit son propre propriétaire. Les préjugés qui existaient alors ont été éliminés, et il n'y a plus aucune difficulté à louer les maisons voisines à des locataires respectables.

La maison de Bilton Place est meublée de la même manière que des centaines d'autres maisons du quartier occupées par des artisans de la meilleure classe, et il n'y a rien de sombre ou d'horrible dans cet endroit. En fait, rien n'indique l'activité de l'occupant. Il y a, dans la pièce de devant, deux cadres de petites photographies, qui sont en réalité des portraits de quelques-uns des meurtriers exécutés par M. Berry, mais les cadres ne portent aucune inscription. Dans un buffet à façade de verre se trouvent également quelques beaux gobelets électro, supports à burettes et articles similaires qui ont été offerts à M. Berry par certains de ses admirateurs, mais personne ne les associerait à son entreprise. Dans les tiroirs et les armoires des environs se trouvent (ou étaient, car ils sont maintenant allés chez Madame Tussaud) un grand nombre de reliques et de souvenirs d'exécutions et d'autres incidents. Parmi eux se trouve le grand couteau, autrefois utilisé par le bourreau de Canton pour décapiter neuf pirates. Celui-ci a été obtenu en échange d'une corde avec laquelle plusieurs personnes avaient été pendues. Ces reliques étaient toutes bien rangées et n'étaient en aucun cas « exposées », même si le bourreau ne s'opposait pas à les montrer si un ami personnel souhaitait les voir.

Dans la conversation, M. Berry parle couramment, est apte à l'anecdote et à l'illustration, et est plein d'un subtil humour du Yorkshire dont il ne peut pas se débarrasser complètement, même lorsqu'il parle de sujets sérieux. Il a une très bonne mémoire des faits et est très observateur, de sorte qu'il est toujours prêt à faire part d'une expérience personnelle ou d'une observation sur presque tous les sujets. Ses goûts sont simples. Ses occupations préférées sont la pêche et la chasse à la loutre, deux sports qu'il affectionne avec passion. Souvent, lorsqu'il se rend à une exécution dans une ville de campagne, il prend sa canne et son panier et profite d'une demi-journée de pêche avant ou après l'exécution. Il semble aimer ce sport en raison de son caractère calme et contemplatif, et dit qu'il aime la pêche même s'il ne prend jamais une bouchée.

À la maison, M. Berry se consacre en grande partie à des activités mécaniques. Il exploite actuellement un brevet qu'il a acheté récemment et fait aménager la pièce la plus haute de sa maison en atelier de mécanique, avec tour, établi, etc. Dans ses temps libres, il consacre beaucoup d'attention à ses pigeons et à ses lapins. , car il est un fervent amateur et possède un grand nombre d'animaux vivants.

CHAPITRE II.
Comment je suis devenu bourreau.

I A été dit par certains de ces bons moralistes toujours soucieux de montrer de tristes exemples de la dépravation de l'homme et qui ne se soucient pas beaucoup de l'authenticité des « faits » avec lesquels ils soutiennent leurs théories : que j'aimais, dès mon enfance, me délecter des détails révoltants des crimes et que j'étais un lecteur de toute la littérature policière que je pouvais me procurer. De telles affirmations sont absolument fausses. En tant que garçon, je n'étais un grand lecteur sur aucun sujet, et les procédures judiciaires et les carrières des criminels ne m'intéressaient en aucune manière jusqu'à ce que je devienne membre de la police de l'arrondissement de Bradford, en 1874.

Quand j'étais policier, je m'efforçais de faire mon devoir aussi bien que n'importe qui le pouvait, et souhaitais souvent pouvoir mieux subvenir aux besoins de ma femme et de ma famille, mais je n'ai jamais même rêvé de devenir bourreau, ni me suis intéressé à la police. sujet de pendaison.

Un jour, alors que je passais chez un ami qui se trouvait sur mon territoire, il se trouva que M. Marwood y séjournait, et on me le présenta, et quelques jours plus tard je le rencontrai de nouveau et passai une soirée en sa compagnie. C'était un homme calme et modeste, aux manières douces et presque bienveillantes, qui n'avait aucune honte de sa vocation, bien que très réticent à en parler, sauf à ceux qu'il connaissait bien. Il ressentait profondément l'odieux avec lequel sa fonction était considérée par le public et cherchait, en s'acquittant de ses fonctions d'une manière satisfaisante et en menant sa vie privée de manière respectable, à éliminer la stigmatisation qu'il estimait imméritée. Parfois, l'attitude du public à son égard était très vivement ressentie, et je me souviens très bien d'un jour où ce sujet était le sujet de conversation à la table du dîner, où il fit remarquer à un monsieur présent : « Ma position n'est pas agréable, » et se tournant vers moi, répétant avec emphase : « non ! ce *n'est pas* agréable. Ces mots semblaient venir du plus profond d'un cœur rempli, et je n'oublierai jamais leur pathétique et leurs sentiments. Au total, M. Marwood ne m'a jamais encouragé en aucune façon à penser à sa vocation avec des sentiments d'envie, et bien qu'il m'ait donné tous les détails de ses méthodes et de ses appareils, c'était simplement parce que je posais toutes sortes de questions par curiosité naturelle.

Ce n'est qu'en compagnie de M. Marwood, avec qui je me suis lié d'amitié, que j'ai envisagé la question de la peine capitale. À d'autres moments, c'était loin de mes pensées. Ma candidature à ce poste, laissé vacant à son décès, n'était donc en aucun cas le résultat d'une envie personnelle de ce travail ou d'un projet préconçu. J'y étais simplement poussé par la misère de ma famille, que je ne parvenais pas à entretenir dans un confort raisonnable avec mes gains (j'étais alors engagé comme vendeur de bottes, avec un petit salaire). Je savais que dans la branche où je travaillais alors, il n'y avait aucune perspective d'amélioration matérielle de ma situation ; Je savais que je n'étais pas un homme d'une capacité extraordinaire, de sorte que mes chances de réussir étaient minces, et je considérais la vacance du poste de bourreau comme étant probablement ma seule chance dans la vie, ma « marée dans les affaires des hommes ». Personnellement, j'éprouvais un grand dégoût pour ce travail, même si je ne le considérais en aucune manière comme déshonorant ou dégradant, et je devais peser les besoins de ma famille et mes inclinations personnelles. Il m'a semblé à l'époque que mon devoir était clair, j'ai donc postulé pour le poste vacant.

On peut dire que j'ai décidé de m'améliorer sans aucune considération pour les moyens de cette amélioration, ni pour mon aptitude au poste ; mais après avoir soigneusement réfléchi à la question, dans les quelques jours précédant l'envoi de ma candidature, j'étais convaincu que je pouvais faire le travail aussi bien que n'importe qui, et que je pouvais apporter des améliorations pratiques à certaines méthodes et améliorer quelque peu le sort de chacun. ceux qui sont appelés à mourir. Cette dernière considération m'a finalement décidé.

J'ai postulé auprès des shérifs de Londres et de Middlesex en septembre 1883. Il y avait environ 1 400 candidats pour le poste, mais après avoir attendu quelque temps, j'ai reçu la lettre suivante laissant entendre que j'étais l'un des rares parmi lesquels le choix final était de être fait:--

Londres.

Les shérifs de Londres et de Middlesex seront à Old Bailey lundi prochain, le 24 courant, à 14 heures, dans le but de voir les candidats retenus pour le poste de bourreau.

Si vous (en tant que l'une des personnes sélectionnées pour considération) êtes disposé à assister à l'heure et au lieu ci-dessus, vous êtes libre, à vos frais, de le faire.

19 septembre 1883.
À M. J. Berry.

Bien sûr, j'ai respecté mon rendez-vous, j'ai été dûment interrogé, parmi dix-neuf autres, et on m'a dit qu'on communiquerait avec le bourreau choisi.

Ma démarche en postulant à ce poste n'était pas du tout conforme aux souhaits de mes proches, qui ont fait tout ce qu'ils pouvaient pour m'empêcher de l'obtenir. Certains de mes amis et voisins ont écrit, soit par l'intermédiaire d'avocats, soit personnellement, aux shérifs. Certains membres de ma propre famille ont demandé au ministre de l'Intérieur de rejeter leur demande, au motif que si la nomination m'était donnée, une famille jusqu'alors respectable serait déshonorée. Je crois que c'est principalement à cause de ces démarches que j'ai été écarté et que le poste a été confié à M. Bartholomew Binns. L'opposition a eu sur moi un effet non escompté. Cela m'a amené à consacrer beaucoup de réflexion et de soin aux détails du travail d'un bourreau, et m'a amené à déterminer que si jamais l'occasion se présentait à nouveau, je ferais de mon mieux pour obtenir le travail. Pendant les quatre mois pendant lesquels M. Binns occupa ce poste, j'eus des consultations avec des médecins éminents, et lorsque, beaucoup plus tôt que prévu, un nouveau bourreau fut demandé, j'étais très bien fondé sur la théorie du sujet. C'est en mars 1884 que les magistrats de la ville d'Édimbourg recherchent un homme pour exécuter Vickers et Innes, deux braconniers. Les shérifs de Londres et de Middlesex me firent une recommandation, et j'adressai la lettre suivante aux magistrats d'Edimbourg :

13 *mars 1884*. 52, Thorpe Street, Shearbridge, Bradford, Yorkshire .

Aux magistrats
de la ville d'Édimbourg.

Chers messieurs,

Je vous prie très respectueusement de m'adresser à vous pour vous demander si vous me permettez de procéder à l'exécution des deux condamnés actuellement condamnés à mort à Édimbourg. J'étais très intime avec feu M. Marwood, et il m'a fait connaître à fond son système d'exécution de son travail, ainsi que les informations qu'il a apprises des médecins des différentes prisons qu'il a dû visiter pour exécuter la dernière sentence. de la loi. J'ai maintenant une de ses cordes que je lui ai achetée à Horncastle, et j'en ai fait fabriquer deux. J'ai également deux sangles Pinioning fabriquées à partir des siennes, ainsi que deux cuissardes. J'ai vu M. Calcraft exécuter trois condamnés à Manchester il y a 13 ans, et si vous jugez opportun de me confier cette nomination, je m'efforcerais de mériter votre patronage. J'ai servi 8 ans dans la police de Bradford et West Riding, j'ai démissionné sans entacher mon caractère et je pourrais vous satisfaire quant à mes capacités et mon aptitude à ce poste. Vous pouvez postuler auprès de M. Jas. Withers, chef de la police de Bradford, ainsi qu'au haut shérif de la ville de Londres, M. Clarence Smith, Mansion House Buildings, 4, Queen Victoria Street, Londres, EC, qui témoignera de mon caractère et de mon aptitude à mener à bien le Loi. Si vous avez besoin de moi, je pourrais être à votre disposition avec un préavis de 24 heures. En espérant que ces quelques lignes trouveront votre approbation. Je reste, Messieurs,

Votre serviteur le plus obéissant,
JAMES BERRY.

Aux magistrats en chef
de l'arrondissement d'Édimbourg,
en Écosse.

PS Une réponse serait très utile car je devrais la prendre comme une faveur.

Une brève correspondance s'ensuit, et le 21 mars je reçois la lettre suivante du greffier de la magistrature :

City Chambers, Édimbourg,
21 mars 1884.

Monsieur,

Faisant suite à vos lettres des 13 et 15 instants, je suis maintenant chargé par les Magistrats de vous informer qu'ils acceptent l'offre que vous avez faite de vos services pour agir ici comme Bourreau, lundi 31 mars courant, à condition (1) que vous amenez votre assistant avec vous, et (2) que vous et votre assistant arriviez à Édimbourg le matin du vendredi 28 courant et résidiez dans la prison (aux frais des magistrats) jusqu'à la fin des exécutions.

Les magistrats acceptent vos conditions de dix guinées pour chaque personne exécutée et de 20 s. pour chaque personne exécutée à votre assistant, avec des billets de chemin de fer de seconde classe pour vous deux, vous trouvant toutes les conditions nécessaires aux exécutions.

Je suis, Monsieur,
votre obéissant serviteur,

A CAMPBELL,
greffier municipal adjoint.

M. James Berry,
52, Thorpe Street,
Shearbridge,
Bradford, Yorks.

PS Veuillez accuser immédiatement réception de cette lettre.—AC

Bien entendu, ma réponse fut que j'acceptais l'engagement, et bien que j'éprouvais de nombreuses appréhensions entre ce moment et le jour fixé pour l'exécution, les travaux furent exécutés de manière satisfaisante.

Prison de Calton, de Calton Hill.

CHAPITRE III.
Ma première exécution. [UN]

O LE 21 MARS 1884, reçu une lettre du greffier des magistrats, City Chambers, Édimbourg, me nommant pour agir comme bourreau le 31 mars 1884, à la prison de Calton ; et que je devais fournir tous les appareils nécessaires pour l'accomplir. J'ai assumé les fonctions; et le jeudi 27 mars 1884, je suis parti de chez moi, Bradford, et je me suis rendu à la gare de Midland, et j'ai réservé une 3e classe pour Édimbourg, pour procéder à l'exécution des meurtriers de Gorebridge. Je suis arrivé à la gare de Waverley entre 16h et 20h et j'ai loué un taxi pour me conduire à la prison. À mon arrivée à la prison, j'ai été accueilli à la porte par un beau gardien, vêtu d'un costume de prison ordinaire et très courtois ; et en franchissant le grand portail, on m'a demandé mon nom, et après l'avoir noté dans le livret de la prison, l'heure, etc., il a tiré une ficelle qui a sonné la cloche du gouverneur, et en quelques instants j'ai été confronté au gouverneur. , un monsieur très gentil, d'apparence militaire et très beau. Après avoir discuté de la conversation habituelle de la journée, du temps qu'il faisait et du genre de voyage que j'avais fait depuis Bradford, il dit qu'après un si long voyage, j'aurais besoin d'un bon thé copieux ; et dès que je m'étais lavé et peigné, le thé était là, tout ce qu'on pouvait désirer. Je me suis assis et j'ai bien apprécié mon premier repas écossais à Bonnie Scotland....

[Un examen de lui-même et de son appareil par le gouverneur, ainsi que sa propre inspection de l'échafaud, sont ensuite longuement décrits.]... Je suis retourné dans ma chambre et j'y suis resté pendant la journée. J'ai passé le jeudi soir à fumer et à lire. À 22 heures, j'ai été escorté jusqu'à ma chambre, une maison ronde située à l'arrière de la prison, à environ 40 mètres de l'entrée arrière, un petit endroit confortable, et j'ai été informé que le dernier homme qui avait dormi à l'intérieur de cette maison la chambre était Wm. Marwood, cinq ans avant ma visite. Il était alors là dans le même but que moi, mais le coupable dans son cas était un empoisonneur. Le gardien en chef, avec qui j'ai parlé, a semblé aborder le sujet avec beaucoup de réticence et a dit qu'il était très contrarié par les deux coupables et qu'il espérait qu'ils obtiendraient un sursis. Je pouvais voir sur son visage une profonde expression de chagrin, qui ne lui donnait pas meilleure mine pour son occupation... Je me suis assis sur mon lit après son départ, j'ai verrouillé ma porte et j'ai entendu les trains partir de la gare. gare sous le mur de la prison. Je regardai par ma fenêtre le courrier qui partait pour le Sud... Je m'agenouillai alors et demandai au Tout-Puissant de m'aider dans la tâche la plus pénible que j'avais entrepris d'accomplir.... [La nuit a été très dérangé par la fumée persistante de la cheminée.]... À 8 heures du matin le vendredi 28, mon petit-déjeuner a été apporté dans ma chambre, composé de pain grillé, de jambon, d'œufs et de café... Le vendredi 28 mars 1884, à 10 heures du matin, j'ai été présenté aux magistrats et aux responsables pour assister à l' exécution. J'exposai mes cordes et mes sangles pour leur inspection, et, après une longue et minutieuse enquête sur tous les points, ils se retirèrent, tout à fait satisfaits de leur visite. Après cela, nous rendîmes une nouvelle visite à l'échafaud ; les constructeurs, n'ayant pas terminé le contrat, apportaient la dernière touche au hangar nouvellement construit pour que l'exécution reste privée et que personne de l'extérieur ne puisse la voir. Après l'avoir testé avec des sacs de ciment du même poids que les prisonniers, et calculé la longueur de la chute et ses conséquences, ainsi que d'autres détails, le comité est parti. Après, j'occupai mon temps à marcher dans l'enceinte de la prison, et à penser aux pauvres hommes qui approchaient de leur fin, pleins de vie, et connaissant l'heure fatale, ce qui me rendait assez malade d'y penser. Mes repas ne semblaient pas me faire du bien, mon appétit commençait à baisser, rien ne me faisait du bien, tout ce que je mettais dans ma bouche me faisait du sable et j'avais l'impression que j'aurais aimé ne jamais avoir entrepris un métier aussi horrible. J'ai regretté pendant un moment, puis j'ai pensé que le public penserait seulement que je n'avais pas le courage, et que je ne laisserais pas mes sentiments me renverser, donc je n'ai plus jamais cédé à de telles pensées. À 13 heures, mon dîner était arrivé. Je suis monté dans ma chambre et me suis assis devant du pudding, du bœuf et des légumes, du bouillon écossais et du soda au gingembre de Cochrane & Cantrell. À cette époque, j'étais totalement abstinent ; et je pense que c'est le côté le plus sûr, depuis ce que j'ai vu provoqué par ses tristes conséquences d'une consommation excessive d'alcool. Après le thé, j'ai discuté avec les gardiens qui ne travaillaient pas pour la journée. Alors qu'ils franchissaient le portillon, l'un d'eux remarqua : « Il a l'air d'un brave garçon pour un travail comme celui-là ; » un autre dit : « Mais il a un mauvais œil », et il serait sûr que je pourrais le faire... Je suis resté en train de fumer dans la loge avec le gardien et un autre (gardien) qui est resté derrière pour voir ce qu'il pouvait faire. entendez-moi dire; mais je l'ai examiné et j'ai pu voir à l'expression de son visage que je ne devais pas dire grand-chose en sa présence, car il était construit de cette façon... Je suis resté seul avec le portier, et il ressemblait à un homme honnête et honnête, et il était comme moi. Il dit : « Je suis heureux que vous n'ayez jamais commencé à dire quoi que ce soit en présence de cet homme, car il s'arrêterait jusqu'au matin. »... Samedi matin, 29... Après le petit déjeuner, j'ai eu un autre entretien avec les magistrats, et pris les dernières dispositions. J'ai testé l'échafaudage en leur présence, avec les cordes que j'allais utiliser le lundi matin, avec des sacs de ciment, chaque sac étant placé aux mêmes endroits qui étaient marqués pour les malfaiteurs ; Vickers, pesant 10 pierres et plus, 8 pieds (chute) ; et Innes, 9 pierres, 10 pieds. Un sac représentait l'un et l'autre sac l'autre. J'ai testé les cordes en lâchant les pièges, et les sacs sont tombés, et j'ai fait mes calculs à partir de là, après avoir vu les cordes testées avec le poids du ciment. Ils semblaient tous très satisfaits des résultats. La corde était en chanvre de soie italien, faite spécialement pour le travail, d'une épaisseur de ⅝ de pouce et très souple, passant à travers un dé à coudre en laiton, qui provoque une dislocation et une mort sans douleur s'il est correctement ajusté.... Après avoir dîné, j'ai eu l'honneur de faire un tour en voiture découverte (fournie par le gouverneur) pendant quelques heures, ... ce que j'ai apprécié, après avoir été à l'intérieur des portes de la prison depuis mon arrivée jeudi.... J'ai rendu visite à mon ami une autre nuit à la porte du lodge. Nous avons discuté de différents sujets de la journée et avons passé une soirée agréable et joviale ensemble, en fumant notre herbe ; quand une voix est venue à la porte d'un visiteur des bureaux de la ville, qu'un sursis avait été refusé et que la loi devait suivre son cours, et j'ai fait envoyer un papier, avec les mots en toutes lettres, MEURTRIERS DE GOREBRIDGE, PAS DE SURSIS. , ce qui m'a fait me sentir aussi mal que les condamnés pendant un certain temps. Mais, avec le joyeux portier et un autre gardien, je l'ai chassé de mon esprit pendant un moment... Je me suis couché comme d'habitude à 22 heures du soir, après avoir récité mes prières et pensé seulement une autre nuit et je serai de retour avec ma femme et mes enfants. Samedi soir, j'étais très agité, et je ne me sentais pas tellement reposé pour ma nuit de sommeil, car je pensais aux pauvres créatures qui dormaient pendant des heures, dans la cellule de prison, juste au-delà de l'endroit où j'étais couché, en pensant au sort épouvantable qui les attendait en si peu de temps. Deux hommes, épanouis, ont dû connaître une fin si prématurée, laissant épouses et familles nombreuses. Une pauvre femme, m'a-t-on dit, son esprit était si affecté qu'elle a été transférée à l'asile, elle l'a pris si à cœur... Je me suis retiré dans ma salle de séjour à l'entrée principale, où je ne prenais que très peu de plaisir. le bon et alléchant jambon et œufs pochés présentés devant moi. J'ai passé la majeure partie de la matinée à visiter l'intérieur de la prison, pendant que les prisonniers étaient à la chapelle, jusqu'à l'heure du dîner. Mon dîner n'est arrivé qu'à 16 heures, ce qu'on appelle un dîner tardif, composé de riz au lait, de cassis, de poulet, de légumes, de pommes de terre, de pain et des boissons habituelles. J'ai essayé d'en tirer le meilleur parti, mais tout ce que je pouvais faire était de le regarder, car mon appétit avait disparu ; mais j'ai réussi à manger un peu avant d'aller me percher pour la dernière nuit... J'ai pris ma retraite à 10-0 dimanche, mais je n'ai fait que des siestes de chat toute la nuit, un œil fermé et l'autre ouvert, pensant et imaginant des choses qui n'ont jamais eu lieu. sera, et ce qui est impossible. J'étais habillé et levé à 5h00 du matin ; et je me sentais plus mort que vivant tant j'avais un rôle très responsable à jouer dans le programme de la journée. J'avais l'impression que les cordes se cassaient ; Il me semblait que je tremblais et je n'y parvenais pas ; J'avais l'impression d'être tombé malade juste au dernier effort. J'étais presque paniqué dans mon esprit, mais je ne leur ai jamais fait savoir. 6h00 du matin est arrivé. J'entendais le bruit des clés, le cliquetis des portes, le glissement des verrous. Le petit déjeuner a dû être servi plus tôt que d'habitude. Aucun prisonnier n'était autorisé à sortir de sa cellule tant que tout n'était pas fini. Le public avait commencé à se rassembler en groupes à Calton Hill. 7h00 du matin est arrivé. Je me suis dirigé vers l'échafaud, j'ai pris mes dispositions en toute sécurité et j'ai vidé le hangar de l'échafaudage, le gardien principal verrouillant la porte, pour ne plus l'ouvrir avant l'entrée du cortège pour le grand événement de la journée.... À 7 h 45. le groupe vivant se dirigea vers la prison et dans la chambre du médecin, prêt pour la dernière scène du drame. Les prisonniers ont été confrontés face à face pour la première fois depuis leur condamnation. Ils s'embrassèrent ; et la scène était bien pénible, de voir des camarades aller mourir à la potence. Ils ont été conduits dans la pièce attenante à la chambre du médecin et étaient en prière avec les deux ministres présents après 8h00. J'ai été appelé à faire mon devoir. On m'a remis le mandat d'arrêt délivré par le juge qui les a condamnés à mort. J'ai ensuite commencé à attacher les prisonniers, avant de leur serrer la main et de leur dire au revoir à ce monde. Les deux hommes semblaient vraiment ressentir la situation. Le cortège se formait, dirigé par le Grand Bailli, l'Aumônier lisant la litanie des morts. Les deux prisonniers ont marché sans aide jusqu'au lieu d'exécution ; ils furent aussitôt placés sous la poutre sur la chute, où tout se fit aussi vite que l'éclair, et les deux coupables payèrent la plus haute peine de la loi... Les magistrats, les médecins, et même les journalistes, avouèrent que l'exécution des deux hommes avaient été exécutés de la manière la plus humaine possible, et que les pauvres gens n'avaient pas éprouvé la moindre douleur en subissant l'exécution ; les médecins m'ont donné un témoignage sur la manière habile dont j'avais procédé à l'exécution. 9h00, mon petit-déjeuner est arrivé ; et j'étais tellement touché par le triste spectacle auquel j'avais été témoin, que je n'avais pas d'appétit, mais je buvais simplement une tasse de café ; mais il était hors de question de manger.

Comme c'était ma première exécution, j'avais naturellement hâte d'avoir l'assurance de mes employeurs qu'elle avait été exécutée de manière satisfaisante. Les magistrats, le gouverneur et les chirurgiens marquèrent tous leur satisfaction en ces termes :

City Chambers, Édimbourg,
1er mai 1884.

Nous, magistrats chargés de veiller à l'exécution de la sentence de mort, le 31 mars dernier, contre Robert F. Vickers et William Innes, dans la prison d'Édimbourg, certifions par la présente que James Berry, de Bradford, qui a agi en tant que Bourreau, a exercé ses fonctions de manière tout à fait efficace ; et que sa conduite pendant le temps où il était ici était à tous points de vue satisfaisante.

GEORGE ROBERTS , magistrat.
THOMAS CLARK , magistrat.

Prison HM, Édimbourg,
31 mars 1884.

Je certifie par la présente que M. James Berry, assisté de M. Richard Chester, a procédé à une double exécution dans cette prison à cette date, et que l'ensemble de ses dispositions ont été prises de la manière la plus satisfaisante et la plus habile ; et, en outre, que la conduite de MM. Berry et Chester, pendant les quatre jours qu'ils ont résidé ici, a été tout ce qu'on pouvait désirer.

JE CHRISTIE , gouverneur de la prison HM.

Édimbourg, 31 mars 1884 .

Nous certifions par la présente que nous avons assisté aujourd'hui à l'exécution de Vickers et Innes et examiné leurs corps. Nous sommes d'avis que l'exécution de ces hommes a été admirablement conduite ; et que le bourreau Berry et son assistant se sont conduits d'une manière calme et professionnelle, à notre entière satisfaction ; la mort étant instantanée.

JAMES A. SIDEY , MD,
chirurgien à la prison HM d'Édimbourg.

HENRY D. LITTLEJOHN , MD,
chirurgien de la police.

Je crains que publier ces « témoignages » ne semble être une forme d'éloge personnel, mais mon travail est si souvent calomnié dans les conversations courantes que j'estime qu'il est de mon devoir de donner l'avis de quelques-uns des hommes sur place, qui sont le plus compétent pour juger de la question. Je crois que dans tous les cas où j'ai procédé à une exécution, les autorités ont été parfaitement satisfaites, et je pourrais produire de nombreuses lettres à cet effet, mais je me contenterai d'une seule, de la prison où j'ai eu le plus grand nombre d'exécutions. . Il date d'il y a quelques années, mais il serait désormais entériné, et un tel témoignage me fait très plaisir.

Prison de Strangeways,
11 juin 1887 .

Pendant la période où M. James Berry a été bourreau public, il a toujours donné satisfaction dans cette prison en exécutant les peines capitales, et sa conduite a été marquée par la fermeté et la discrétion.

JH PURTON , Jr.

CHAPITRE IV.
Ma méthode d'exécution.
CALCULS ET APPAREILS.

MA MÉTHODE D'EXÉCUTION EST LE RÉSULTAT DE L'EXPÉRIENCE DE MES PRÉDÉCESSEURS ET DE MOI-MÊME, AIDÉE PAR suggestions des médecins, et est plutôt le résultat d'une croissance progressive que l'invention d'un seul homme.

La Goutte.

La question qui requiert la plus grande attention en relation avec une exécution est l'allocation d'une somme appropriée pour chaque personne exécutée, et l'ajustement de cette question est loin d'être aussi simple qu'un étranger pourrait l'imaginer.

Il faut bien entendu que la goutte soit assez longue pour provoquer la mort instantanée, c'est-à-dire pour provoquer la mort par luxation plutôt que par strangulation ; et d'autre part, la chute ne doit pas être si grande qu'elle mutile extérieurement la victime. Si tous les meurtriers qui doivent être pendus avaient exactement le même poids et la même corpulence, il serait très facile de déterminer la longueur de chute la plus appropriée et de toujours donner la même, mais en fait elles varient énormément.

Dans les premiers jours de la pendaison, le bourreau avait l'habitude de passer son nœud coulant autour du cou de la victime, puis de tirer l'autre extrémité de la corde, qui passait dans un anneau situé sur le poteau de l'échafaud jusqu'à ce que le coupable soit étranglé. sans aucune chute. Après un certain temps, le système de chute fut introduit, mais la longueur de la chute ne dépassait jamais un mètre, de sorte que la mort était encore généralement causée par strangulation et non par luxation, comme c'est le cas actuellement. L'un après l'autre, tous nos bourreaux anglais suivirent le même plan, sans penser à aucun changement ni amélioration, jusqu'à ce que M. Marwood prenne leur poste. En tant qu'homme humain, il a soigneusement examiné le sujet et est arrivé à la conclusion que la méthode alors existante, bien que certaine, n'était pas aussi rapide ni aussi indolore qu'elle devrait l'être. En conséquence, il introduisit son système de chute longue avec une chute de sept à dix pieds, qui provoqua une mort instantanée par section de la moelle épinière. Je connaissais un peu M. Marwood avant sa mort, et j'avais acquis quelques détails sur sa méthode grâce à une conversation avec lui ; de sorte que lorsque j'ai entrepris ma première exécution, à Édimbourg, j'ai naturellement travaillé sur ses lignes. Cette première commission devait exécuter Robert Vickers et William Innes, deux mineurs condamnés à mort pour le meurtre de deux gardes-chasse. Les poids respectifs étaient de 10 pierres et 4 livres. et 9 pierres 6 livres, et je leur ai donné des chutes de 8 pieds

6 pouces et 10 pieds respectivement. Dans les deux cas, la mort a été instantanée et le chirurgien de la prison m'a donné un témoignage selon lequel l'exécution était satisfaisante à tous égards. Sur cette expérience, j'ai basé un tableau de poids et de chutes. En prenant comme base un homme de 14 pierres et en lui donnant une chute de 8 pieds, ce que je pensais nécessaire, j'ai calculé que chaque poids plus léger d'une demi-pierre nécessiterait une chute de deux pouces plus longue, et la table pleine, comme Je l'ai inscrit dans mes livres à l'époque, ainsi :

14	des pierres	8	pi.	0	dans.
13½	"	8	"	2	"
13	"	8	"	4	"
12½	"	8	"	6	"
12	"	8	"	8	"
11½	"	8	"	dix	"
11	"	9	"	0	"
10½	"	9	"	2	"
dix	"	9	"	4	"
9 ½	"	9	"	6	"
9	"	9	"	8	"
8 ½	"	9	"	dix	"
8	"	dix	"	0	"

Ce tableau, j'ai calculé pour des personnes de ce que je pourrais appeler une corpulence « moyenne », mais il ne pouvait en aucun cas être strictement respecté en toute sécurité. Par exemple, j'ai dû plus d'une fois exécuter des personnes qui avaient tenté de se suicider en se coupant la gorge, ou qui avaient été blessées d'une autre manière au cou, et pour éviter de rouvrir les blessures, j'ai réduit la baisse de près de moitié. Encore une fois, dans le cas de personnes très charnues, qui ont souvent des os et des muscles faibles autour du cou, j'ai réduit la chute d'un quart ou de la moitié de la distance indiquée par le tableau. Si je ne l'avais pas fait, sans doute deux ou trois de ceux que j'ai exécutés auraient eu la tête entièrement arrachée, ce qui s'est produit dans un cas sur lequel je reviendrai. Dans le cas des personnes ayant des tendances scrofuleuses, il est particulièrement nécessaire que la chute soit inhabituellement courte, et dans ces cas, j'ai parfois reçu des indications utiles de la part des médecins de prison.

Jusqu'au 30 novembre 1885, j'ai travaillé à l'échelle déjà indiquée, mais à cette date j'ai eu l'horrible expérience évoquée ci-dessus, qui m'a amené à reconsidérer l'ensemble du sujet et à construire un tableau général sur ce que je crois être une science véritablement scientifique. base. L'expérience évoquée est traitée dans un autre chapitre. L'homme avec qui cela s'est produit était Robert Goodale, que j'ai exécuté au château de Norwich. Il pesait 15 pierres, et la chute indiquée par le premier tableau serait donc de 7 pieds 8 pouces, mais à cause de son apparence je l'ai réduite à 5 pieds 9 pouces, parce que les muscles de son cou ne paraissaient pas bien. développé et fort. Mais même cela, comme il s'est avéré, n'a pas été assez court, et le résultat a été l'un des accidents les plus horribles que j'aie jamais connu. Comme on le verra dans le rapport complet de cette affaire, dans un autre chapitre, le coroner m'a exonéré de tout blâme et a témoigné de la manière minutieuse avec laquelle j'avais accompli mon travail ; mais je sentais qu'il fallait prendre toutes les précautions possibles pour qu'une telle affaire ne se reproduise pas. J'ai donc élaboré un tableau de la force de frappe des corps tombant de différents poids tombant sur différentes distances ; quel tableau je donne à <u>la page 34</u>. En travaillant avec cela, je calcule qu'un homme « moyen », quel que soit son poids, nécessite une chute qui se terminera par une force de frappe de 24 cwt., et si le condamné semble en exiger moins, j'estime mentalement la force de frappe nécessaire. , puis en me référant au tableau, je peux trouver instantanément la longueur de chute requise. Pour voir comment fonctionne ce nouveau tableau, nous pouvons reprendre le cas de Robert Goodale. Comme il pesait 15 pierres, sa force de frappe avec une chute de 2 pieds serait de 21 quintaux. 21 livres, ou avec une chute de 3 pieds 26 cwt. 7 livres, de sorte que s'il était un homme de corpulence ordinaire, la chute nécessaire serait de 2 pieds 6 pouces. Comme j'ai estimé d'après son apparence que sa chute aurait dû être environ un sixième inférieure à la norme, j'aurais dû donné, en travaillant sur cette nouvelle table, environ 2 pieds 1 pouces au lieu des 5 pieds 9 pouces qui étaient réellement donnés. C'est un cas extrême, avec un homme très lourd, mais tout au long du tableau on constatera que la chute est plus courte que dans le premier tableau. Par exemple, Vickers et Innes, les deux meurtriers d'Édimbourg mentionnés précédemment, auraient vu leurs chutes réduites de 8 pieds 6 pouces et 10 pieds à 5 pieds 6 pouces et 7 pieds respectivement s'ils avaient été traités conformément aux le présent tableau révisé.

Le 20 août 1891, à la prison de Kirkdale, à Liverpool, lors de l'exécution de John Conway, on tenta de me dicter la durée de l'emprisonnement, et une scène des plus malheureuses s'ensuivit. Après avoir vu le condamné, Conway, j'avais décidé que la chute devait être de 4 pieds 6 pouces, un peu en dessous du taux d'échelle ; et j'ai été surpris et ennuyé d'apprendre par le Dr Barr, agissant, je crois, sous son autorité, que je devais donner une chute de 6 pieds 9 pouces. J'ai dit que cela arracherait complètement la tête de l'homme, et finalement a refusé de poursuivre l'exécution si un délai aussi long était accordé. Le Dr Barr a ensuite mesuré une goutte plus courte, quelques dix ou douze pouces plus courte, mais toujours beaucoup plus longue que je ne le pensais nécessaire, et j'ai accepté à contrecœur de continuer. Le résultat, tout le monde le connaît. La goutte n'était pas assez longue pour arracher complètement la tête de la victime, mais elle rompait les principaux vaisseaux sanguins du cou.

ÉCHELLE MONTRANT LA FORCE DE FRAPPEMENT DES CHUTES DE CORPS À DIFFÉRENTES DISTANCES.

Distance Fallingin PiedsZéro	8 Pierre	9 Pierre	10 Pierre	11 Pierre
	Cw. Qr. kg.	Cw. Qr. kg.	Cw. Qr. kg.	Cw. Qr. kg.
1 Fort.	8 0 0	9 0 0	10 0 0	11 0 0
2 "	11 1 15	12 2 23	14 0 14	15 2 4
3 "	13 3 16	15 2 15	17 1 14	19 0 12
4 "	16 0 0	18 0 0	20 0 0	22 0 0
5 "	17 2 11	19 3 5	22 0 0	24 0 22
6 "	19 2 11	22 0 5	24 2 0	26 3 22
7 "	21 0 22	23 3 11	26 2 0	29 0 16
8 "	22 2 22	25 2 4	28 1 14	31 0 23
9 "	24 0 11	27 0 12	30 0 14	33 0 23
dix "	25 1 5	28 1 23	31 2 14	34 3 4

Distance Fallingin PiedsZéro	12 Pierre	13 Pierre	14 Pierre	15 Pierre
	Cw. Qr. kg.	Cw. Qr. kg.	Cw. Qr. kg.	Cw. Qr. kg.
1 Fort.	12 0 0	13 0 0	14 0 0	15 0 0
2 "	16 3 22	18 1 12	19 3 2	21 0 21
3 "	20 3 11	22 2 9	24 1 8	26 0 7
4 "	24 0 0	26 0 0	28 0 0	30 0 0
5 "	26 1 16	28 2 11	30 3 5	33 0 0
6 "	29 1 16	31 3 11	34 1 5	36 3 0
7 "	31 3 5	34 1 22	37 0 11	39 3 0
8 "	34 0 5	36 3 15	39 2 25	42 2 7
9 "	36 0 16	39 0 18	42 0 19	45 0 21
dix "	37 3 22	41 0 12	44 1 2	47 1 21

Distance Fallingin PiedsZéro	16 Pierre	17 Pierre	18 Pierre	19 Pierre
	Cw. Qr. kg.	Cw. Qr. kg.	Cw. Qr. kg.	Cw. Qr. kg.
1 Fort.	16 0 0	17 0 0	18 0 0	19 0 0
2 "	22 2 11	24 0 1	25 1 19	26 3 9
3 "	27 3 5	29 2 4	31 1 2	33 0 1
4 "	32 0 0	34 0 0	36 0 0	40 0 0
5 "	35 0 22	37 0 16	39 2 11	41 3 15
6 "	39 0 22	41 2 16	44 0 11	46 2 5

7 "	42 1 16	45 0 5	47 2 22	50 1 11
8 "	45 1 16	48 0 26	51 0 8	53 3 18
9 "	48 0 22	51 0 23	54 0 25	57 0 26
dix "	50 2 11	53 3 1	56 3 19	60 0 9

Je ne sais pas qui était vraiment responsable de l'interférence avec mon calcul, mais je ne pense pas que la longue goutte soit la propre idée du Dr Barr, car la goutte que j'ai suggérée était sur le même système qu'il avait recommandé précédemment, et était presque identique à la baisse qui aurait été calculée sur la base de sa propre recommandation dans une lettre au *Times* il y a quelques années. La lettre que m'a adressée le Dr Barr, écrite en 1884, était la suivante :

1, St. Domingo Grove,
Everton, Liverpool, *2 septembre 1884* .

Monsieur,

Conformément à votre demande, j'ai le plaisir de vous remettre un certificat attestant de la manière dont vous avez dirigé l'exécution de Peter Cassidy dans la prison HM de Kirkdale. Je peux maintenant rapporter la déclaration que j'ai faite lors de l'enquête, « selon laquelle je n'ai jamais vu une exécution exécutée de manière plus satisfaisante ». Cela m'a été très gratifiant.

Votre corde était d'excellente qualité ; fin, doux, souple et fort. Vous avez ajusté l'anneau, dirigé vers l'avant, de la manière que j'ai recommandée dans ma brochure « Pendaison judiciaire ». Vous avez donné une longueur de chute suffisante, compte tenu du poids du coupable, et avez complètement luxé les vertèbres cervicales entre l'atlas et l'axe (première et deuxième vertèbres). J'ai estimé que le poids du criminel, multiplié par la longueur de la chute, pouvait varier de 1 120 à 1 260 pieds-livres, et j'ai calculé que cette *force vive* dans le cas de Cassidy s'élevait à 1 140 pieds-livres.

L'arrestation et d'autres détails ont été effectués avec le décorum requis, j'espère qu'il sera interdit à quiconque sera nommé au poste de bourreau public de jouer également le rôle de "showman" pour satisfaire une curiosité publique dépravée et morbide.

JAMES BARR , MD,
médecin, prison HM, Kirkdale.

À M. James Berry.

Quelques jours après l'exécution de Conway, j'ai reçu une lettre d'un gentleman du sud de Londres, peu suivie d'une deuxième lettre, et comme elles jettent un éclairage utile sur le sujet, je les donne dans leur intégralité, en omettant le nom de l'écrivain, comme il le fait. je ne souhaite pas qu'il soit publié.

22 août 1891.

Concernant l'exécution à Kirkdale.

Monsieur,

Comme l'accident survenu lors de l'exécution du 20 janvier. à Kirkdale peuvent être faussement et très injustement imputés à votre compte, et en même temps être avancés par une masse de gens égarés comme une raison pour l'abolition totale de la peine capitale, je pense que les remarques suivantes au sujet de la pendaison n'est peut-être pas déplacé.

Il y a quelques années, le Dr James Barr, médecin de la prison de Kirkdale, a publié une lettre dans le *Times* concernant ce qu'il considérait comme la durée appropriée de la détention. Il a dit que la longueur de la chute devait être telle qu'elle produise un élan de 2 600 livres, c'est-à-dire par « élan », le poids du condamné multiplié par la vitesse de sa descente à la fin de la chute. Or, en estimant le poids du condamné, je conçois qu'il faut laisser de côté le poids (autant que vous pouvez le deviner) de sa tête, parce que le poids de sa tête est supporté par le nœud coulant lorsque la secousse a lieu, et, par conséquent, ne peut pas affecter la quantité de traction ou de tension exercée sur le cou. D'après ce que dit le Dr Barr concernant les 2 600 livres. élan, il est facile, par un peu de mathématiques, de déduire la règle suivante.

Pour trouver la longueur de chute en pieds, divisez le nombre 412 par le carré du poids corporel du condamné en pierres.

Par la règle ci-dessus, j'ai construit le tableau suivant : -

Poids du corps sans la tête.	Longueur de chute.
15 des pierres	1 pi. dix dans.
14 "	2 " 2 "
13 "	2 " 6 "
12 "	2 " 11 "
11 "	3 " 5 "
dix "	4 " 2 "

9	"	5 " 1 "
8	"	6 " 6 "
7	"	8 " 5 "

Le poids du condamné Conway, auriez-vous dit, était de 11 pierres (2 livres). En laissant 1 pierre pour le poids de sa tête, ce qui est peut-être plus que suffisant, son poids suspendu serait de 10 pierres 2 livres, de sorte qu'une chute de 4 pieds et quelques pouces [B] aurait été, selon la règle du médecin , ça lui suffit amplement. Concernant la valeur de la règle, je ne suis bien sûr pas en mesure de parler ; et je ne sais pas non plus, d'après ce dont je me souviens de la lettre du médecin, qu'il parlait des 2 600 livres. dynamique à appliquer dans tous les cas. Tout dépend de la corpulence du condamné, de la force de son cou, etc.

Bien à vous,
XY

(Deuxième lettre.)

25 août 1891.

Concernant l'exécution à Kirkdale.

Monsieur,

En construisant le tableau que je vous ai envoyé il y a deux jours, je trouve que j'ai commis une erreur absurde. Cela vient du fait que j'ai pris négligemment un poids de pierre de 16 livres, au lieu de 14 livres, ce que je vous prie de me permettre de corriger. Au lieu du nombre 412, j'aurais dû donner le nombre 539. La règle corrigée basée sur l'élan du Dr Barr de 2600 livres. est donc la suivante : La longueur de la chute, en pieds, se trouve en divisant le nombre 539 par le carré du nombre de pierres en poids du corps du condamné, à l'exclusion du poids de sa tête. Ainsi, si un condamné pèse 11 pierres au total, et que nous prenons sa tête pour 1 pierre, nous avons une longueur de chute = 539/100 = 5,39 pieds (environ 5 pieds 5 pouces).

Le tableau corrigé est ainsi :

Poids du corps sans la tête.	Longueur de chute.
15 des pierres	2 pi. 5 dans.
14 "	2 " 9 "
13 "	3 " 2 "

12	"	3	"	9	"
11	"	4	"	6	"
dix	"	5	"	5	"
9	"	6	"	8	"
8	"	8	"	3	"
7	"	11	"	0	"

En accordant, dans le cas du condamné Conway, qui pesait 11 pierres et 2 livres, 1 pierre pour la tête, j'en autorise peut-être trop ; c'est une simple supposition. Si sa tête pesait 9 livres, la chute aurait dû être de 4 pieds 10 pouces.

Bien à vous,
XY

PS—Une erreur de 3 ou 4 livres. l'estimation du poids de la tête fait, vous le verrez, une erreur considérable dans le calcul de la chute.

On verra que ce calcul, qui n'inclut pas le poids de la tête dans le poids suspendu d'un homme, donne une longueur de chute un peu plus grande que ma propre table, mais la différence n'est que petite, et j'ai toujours trouvé mon propre table donne une baisse tout à fait suffisante.

La corde.

Le dispositif pour exécuter la peine extrême de la loi est très simple. L'élément le plus important est la corde, qui doit nécessairement posséder certaines propriétés pour que la mort du condamné soit instantanée et indolore.

Pour un travail réussi, la corde doit bien entendu être solide, mais elle doit également être souple afin de pouvoir se tendre librement. Il doit être aussi fin que possible, en fonction de sa résistance, afin que le nœud coulant puisse fonctionner librement, mais bien sûr, il ne doit pas être si fin qu'il risque de rompre vers l'extérieur les vaisseaux sanguins du cou.

Avant d'entreprendre ma première exécution, j'ai soigneusement réfléchi à la question de la classe de corde la plus appropriée, et après avoir essayé et examiné de nombreuses variétés, j'ai choisi celle que j'utilise encore. Il est fait du meilleur chanvre italien, d'une épaisseur de ¾ de pouce. Avant d'utiliser une corde pour une exécution, je la teste minutieusement avec des sacs de ciment d'environ le poids du condamné, et cet essai préliminaire étire la corde et en même temps réduit son diamètre à ⅝ de pouce. La corde se compose de 5 torons, dont chacun a une contrainte de rupture d'une tonne de poids mort, de sorte qu'il semblerait inutile de la tester par crainte de la voir trop faible, mais l'étirement et le durcissement qu'elle subit lors de l'essai la rendent il est bien plus « adapté » et satisfaisant pour son travail qu'une corde neuve et inutilisée ne le serait.

On a dit que j'utilisais une corde avec un toron de fil au centre, mais l'idée est tellement ridicule que je n'y ferais pas référence si ce n'était que beaucoup de gens semblent y croire, et que plus d'une fois cela a été dit. déclaré dans les journaux. Une corde avec un toron métallique ne présenterait à mon avis aucun avantage possible, et elle présenterait tellement d'inconvénients pratiques que je ne pense pas que quiconque ayant étudié la question songerait à utiliser une telle chose. En tout cas, je ne l'ai pas fait, et je sais que ni M. Binns ni M. Marwood ne l'ont jamais fait. M. Marwood a utilisé des cordes à peu près de la même qualité et de la même épaisseur que les miennes, tandis que M. Binns a utilisé une corde beaucoup plus épaisse (environ 1¼ de pouce de diamètre après utilisation), d'une classe de chanvre plus rugueuse et moins souple.

Jusqu'au début de 1890, je fournissais mes propres cordes, dont certaines étaient toutefois fabriquées sur ordre du gouvernement, et je pouvais utiliser la même corde encore et encore. J'en ai utilisé un pour pas moins de seize exécutions, et cinq autres pour douze exécutions chacun. Ceux-ci sont maintenant en possession de Madame Tussaud. Au début de 1890, une nouvelle règle fut édictée selon laquelle une nouvelle corde doit être fournie et utilisée pour la plupart des exécutions en Angleterre, et doit être brûlée, ainsi que les vêtements de la personne exécutée (qui étaient autrefois un acquis de l'exécution). le bourreau) par les responsables de la prison immédiatement après l'exécution. En Écosse et en Irlande, je fournis toujours mes propres cordes.

La corde que j'utilise mesure treize pieds de long et comporte un anneau en laiton d'un pouce inséré à une extrémité, à travers lequel l'autre extrémité de la corde est passée pour former le nœud coulant. Une rondelle de cuir, bien ajustée à la corde, est utilisée pour se glisser derrière l'anneau de laiton, afin d'éviter que le nœud coulant ne glisse ou ne se détende après son ajustement.

En utilisant la corde, je l'ajuste toujours avec l'anneau juste derrière l'oreille gauche. Je ne modifie jamais cette position, bien que, bien sûr, s'il y avait une raison particulière pour le faire, par exemple, si le condamné avait tenté de se suicider et était blessé sur le côté de la gorge, la mort pourrait être provoquée en plaçant l'anneau sous le menton. ou même derrière la tête. La position derrière l'oreille présente cependant des avantages distincts et est la mieux propre à provoquer une mort instantanée et indolore, car elle agit de trois manières différentes vers le même but. En premier lieu, il provoquera la mort par strangulation, qui était en réalité la seule cause de décès dans l'ancienne méthode de pendaison, avant l' introduction de la longue chute. Deuxièmement, il disloque la vertèbre, qui est désormais la véritable cause du décès. Et troisièmement, si un troisième facteur était nécessaire, il a tendance à rompre intérieurement la veine jugulaire, ce qui en soi suffit à provoquer une mort pratiquement instantanée.

Sangles de pignon, etc.

Le dispositif de pignonnage, comme le reste des dispositions pour une exécution, est très simple. Une large ceinture de cuir est attachée autour de la taille du condamné, à laquelle sont attachées les bretelles. Deux sangles d'un pouce et demi de largeur, avec de solides boucles d'acier, serrent les coudes et les attachent à la ceinture, tandis qu'une autre sangle de même force entoure les poignets et est attachée à la ceinture devant. Les jambes sont fixées au moyen d'une seule sangle de deux pouces sous les genoux. Le reste de l'appareil est constitué d'un bonnet blanc, en forme de sac, qui se rabat sur les yeux du criminel pour l'empêcher de voir les derniers préparatifs.

Plan et élévation du Drop.

L'échafaud.

Jusqu'à récemment, les échafaudages utilisés dans les différentes prisons différaient beaucoup dans les détails de leur construction, car il n'existait pas de modèle officiel, mais dans chaque cas les autorités locales suivaient leur propre idée. En 1885, cependant, un dessin fut dessiné, au département des géomètres du ministère de l'Intérieur, par le lieutenant-colonel. Alten Beamish, RE Avant d'être définitivement adopté, le design m'a été soumis ; et cela semblait tout à fait bon, comme d'ailleurs il s'est avéré l'être depuis dans la pratique réelle. Le projet est fourni aux autorités de toute prison où un échafaudage doit être érigé, par le département des ingénieurs du ministère de l'Intérieur ; et, avec une légère modification, c'est le modèle généralement utilisé jusqu'à nos jours. La modification dont je parle est une petite suggestion de moi-même et consiste en la substitution d'une pente ou d'une passerelle plate à la place des marches. J'avais constaté dans certains cas, lorsque les criminels étaient nerveux ou prostrés, que les marches constituaient une difficulté pratique. La pente, ou passerelle, a été approuvée par le ministère de l'Intérieur et a été utilisée pour la première fois le 15 avril 1890, à la prison de Kirkdale, pour l'exécution de Wm. Chadwick. Il s'agissait d'une amélioration simple, mais qui s'est avérée très utile.

Dans la plupart des prisons du pays, l'échafaudage est démonté et rangé immédiatement après utilisation, mais à Newgate, Wandsworth, Liverpool et Strangeways (Manchester), il reste debout en permanence.

Les parties essentielles de l'échafaudage sont peu nombreuses. Il y a une lourde traverse dans laquelle sont généralement fixés des boulons terminés par des crochets. Dans certains cas, cette traverse repose sur deux poteaux verticaux, mais généralement ses extrémités sont enfoncées dans les murs de l'échafaudage. Bien entendu, les crochets qui y sont fixés sont destinés à retenir la corde.

L'échafaudage proprement dit, ou piège, ou chute, comme on l'appelle diversement, est la partie de la structure à laquelle on attache le plus d'importance, et dont le gouvernement fournit un plan. Il se compose de deux portes massives en chêne, fixées dans une charpente en chêne au niveau du sol et au-dessus d'une profonde fosse maçonnée. Le plan et la coupe expliqueront l'agencement. Les deux portes sont marquées AA et BB sur le plan. La porte AA est accrochée à trois charnières fortes, marquées CCC , qui se prolongent sous la porte BB . Lorsque le piège est mis en place, les extrémités de ces longues charnières reposent sur une barre de traction EE , comme indiqué sur le plan. La barre de traction est en fer, de 1¼ po carré, coulissant dans de solides agrafes de fer, FFF , qui s'y adaptent exactement. Lorsque le levier D est tiré dans le sens de la petite flèche, il déplace la barre de traction dans la direction opposée, de sorte que les extrémités des longues charnières tombent à travers les ouvertures HHH et que les deux portes tombent. Pour ouvrir le piège, la porte BB doit être élevée en position perpendiculaire, jusqu'à ce que l'autre porte soit levée et ses charnières placées sur le timon. L'arrangement est très bon ; car les deux portes doivent nécessairement tomber exactement au même moment. Leur grand poids, car ils sont en chêne de trois pouces, les fait tomber très brusquement, même sans le poids du criminel, et ils sont retenus par des loquets à ressort pour empêcher toute possibilité de rebond.

Nouveau portail.

CHAPITRE V.
Ma méthode d'exécution.
LES PROCÉDURES.

L' HEURE fixée pour les exécutions est 8h00 dans toutes les prisons, sauf Wandsworth et Lincoln, où il est 9h00. Bien sûr, l'échafaudage et la corde sont disposés, et la chute décidée, à l'avance Je calcule que trois minutes seront occupées à partir du moment de l'entrée dans la cellule du condamné jusqu'à la fin de la grande tragédie de la vie du condamné, donc j'entre dans la cellule ponctuellement à huit heures moins trois. Pour que mon action de pendre un homme soit légale, il faut que je dispose de ce qu'on appelle un « pouvoir de pendre », qui est rédigé et signé par le shérif et qui me est remis quelques minutes avant le procès. le temps de l'exécution. Sa forme varie beaucoup. Dans certains cas, il s'agit d'un document long et verbeux, plein de « pourquoi » et de « quoi que ce soit » dont se complaît la loi. Mais il s'agit généralement d'un formulaire simple, d'apparence officielle, rédigé par le greffier de la prison et rédigé à peu près comme suit :

À JAMES BERRY.

Je, ——, de ——, dans le comté de ——, écuyer, shérif dudit comté de ——, vous autorise par la présente à pendre A—— B——, qui se trouve actuellement sous le coup d'une condamnation à mort dans la prison de Sa Majesté. Prison à ——.

Daté de ce —— jour de ——, ——.

—— ——, Shérif.

Celui-ci est plié en trois et approuvé à l'extérieur.

Concernant A—— B——.

Pouvoir de pendre.

—— ——, Shérif,

--comté.

Lorsque nous entrons dans la cellule du condamné, l'aumônier est déjà là, et ce depuis un certain temps. Deux préposés, qui ont assisté aux dernières nuits du condamné sur terre, sont également présents. A mon arrivée, le forçat prend congé de ses serviteurs, à qui il donne généralement un petit souvenir ou un petit souvenir, et je me mets aussitôt à lui attacher les armes.

Dès que le pignonnage est fait, un cortège se forme, généralement dans l'ordre suivant :

Gardien en chef.

Gardien. Gardien.

Gardien. ⎰
⎱ Aumônier.
Condamné. ⎱
⎰ Gardien.

Bourreau.

Gardien principal. Gardien principal.

Gardien. Gardien.

Gouverneur et shérif.

Porteur de baguette. Porteur de baguette.

Chirurgien et préposé à la prison.

Dans quelques rares cas, où le prisonnier n'a pas avoué avant le moment de l'exécution, je l'ai approché dans la cellule avec gentillesse, lui demandant, car cela ne change rien à son sort, d'avouer la justesse de la sentence. , afin que je puisse être sûr de ne pas pendre une personne innocente. Dans la plupart des cas, ils l'ont fait, soit en cellule, soit au dernier moment sur l'échafaud. Bien sûr, je n'ai jamais divulgué les confidences qui m'étaient faites dans de tels moments, et ce serait très inconvenant de le faire ; mais je suis libre de déclarer que de toutes les personnes que j'ai exécutées, deux ou trois seulement sont mortes sans avoir pleinement et librement avoué leur culpabilité.

Sur le chemin de la cellule à l'échafaud, l'aumônier lit l'office de l'enterrement des morts, et tandis que le cortège avance, je place le bonnet blanc sur la tête du forçat. Au moment où nous atteignons l'échafaud, je lui mets la casquette sur les yeux. Ensuite, je place le forçat sous la poutre, j'accroche les jambes juste en dessous des genoux, avec une sangle semblable à celle utilisée pour les coudes, j'ajuste la corde, je tire sur le boulon et le piège tombe. La mort est instantanée, mais le corps est laissé pendu pendant une heure, puis descendu dans un cercueil, fabriqué en prison, et transporté à la morgue en attendant l'enquête. L'enquête a généralement lieu à dix heures, mais dans certains endroits elle a lieu à midi. Après l'enquête, le corps est entouré de chaux vive et enterré dans l'enceinte de la prison.

Dans l'exécution de la dernière peine de la loi, tout se déroule avec décorum et solennité, et autant que je sache, il n'y a aucune manière d'améliorer les dispositions lors d'une exécution, sauf en ce qui concerne l'admission. de journalistes. Autrefois, un grand nombre de journalistes étaient souvent admis, certains d'entre eux ayant probablement peu ou pas de liens réels avec les journaux qu'ils prétendaient représenter. Parfois aussi, il y avait un ou deux jeunes écervelés qui semblaient n'avoir aucune idée précise de la solennité d'une scène de mort et dont la conduite était difficilement telle que des personnes sérieuses pouvaient approuver. Le résultat a été que, dans de nombreuses prisons, l'admission des représentants de la presse a été très strictement limitée et, dans certains cas, leur admission a été catégoriquement refusée. Il me semble que l'admission d'un grand nombre de spectateurs et le refus absolu d'en admettre sont également des erreurs. Je parle de cette affaire en homme dont le propre travail est critiqué par la presse, et bien qu'en ce qui me concerne personnellement, je sois parfaitement satisfait si je peux satisfaire le gouverneur ou le haut shérif, je sais qu'il y a un grand Une partie du public qui pense que l'exclusion des journalistes doit signifier qu'il se passe quelque chose qu'on souhaite étouffer. Je suis un serviteur du public, tout comme les shérifs, le gouverneur et les autres fonctionnaires liés à une exécution, et le public, par l'intermédiaire de ses représentants dans la presse, devrait avoir une certaine assurance que les détails de chaque exécution sont communiqués. dehors décemment et en ordre. La présence ou l'absence de la presse ne fait bien sûr aucune différence dans le déroulement de l'exécution, mais elle fait une grande différence pour une certaine partie du public. Si le gouverneur de la prison ou le shérif accordait trois admissions pour chaque exécution, étant entendu que tout représentant soupçonné de ne pas être *de bonne foi* se verrait refuser l'admission même s'il présentait son ticket, je pense que toutes les objections réelles seraient satisfaites. .

Une fois l'exécution terminée, le fait que la sentence de la loi a été exécutée est annoncé au public par un avis fixé à la porte de la prison. La forme de cet avis varie quelque peu, mais j'en joins un dont il se trouve que j'ai une copie.

COMTÉ D'OXFORD.

EXÉCUTION DE CHARLES SMITH POUR MEURTRE.

(Loi modifiant la loi sur la peine capitale, 1868.)

Des copies sont jointes de la déclaration officielle d'exécution du jugement de mort ; et du certificat du chirurgien attestant le décès de Charles Smith.

THOMAS M. DAVENPORT ,
sous-shérif du comté d'Oxford.

9 mai 1887.

DÉCLARATION OFFICIELLE.

Nous, soussignés, déclarons par la présente que le jugement de mort a été exécuté ce jour, en notre présence, contre Charles Smith, dans l'enceinte de la prison de Sa Majesté à Oxford.

Daté de ce neuf mai mil huit cent quatre-vingt-sept.

THOMAS M. DAVENPORT , sous-shérif de l'Oxfordshire.
HB ISAACSON , gouverneur de la prison.
JK NEWTON , aumônier de la prison.
J. RIORDON , directeur de la prison.
HENRY IVES , officier du shérif.
THOS. WM. AUSTIN , journaliste, *Oxford Journal* .
ROBERT BRAZIES , journaliste, *Oxford Chronicle* .
JOSEPH HENRY WARNER , journaliste, *Oxford Times* .
J. LANSBURY , gardien.

CERTIFICAT CHIRURGICAL.

Moi, HENRY BANKS SPENCER , chirurgien de la prison de Sa Majesté à Oxford, certifie par la présente que j'ai examiné ce jour le corps de Charles Smith, sur lequel le jugement de mort a été exécuté ce jour dans ladite prison ; et que, suite à cet examen, j'ai découvert que ledit Charles Smith était mort.

Daté de ce neuf mai mil huit cent quatre-vingt-sept.

HENRY B. SPENCER ,
chirurgien de la prison.

CHAPITRE VI.
Autres méthodes d'exécution.

DE TEMPS temps, les gens s'élèvent contre la manière anglaise de mettre à mort les criminels, et nombreux sont les Anglais qui ont la ferme conviction que la pendaison est la pire forme de peine capitale et la moins scientifique. Les préjugés de ces gens semblent être basés sur une idée tout à fait erronée de la manière dont se déroule une exécution anglaise, et j'espère que le chapitre traitant de ma méthode constituera la base d'un jugement plus vrai.

English Axe and Block, maintenant dans la Tour de Londres.

Parmi les méthodes d'exécution qui ont été suggérées pour remplacer la pendaison, certaines ne méritent guère d'être prises en considération, car il n'y a pas un nombre considérable de personnes qui les approuveraient. Il est peu probable que les diverses méthodes de décapitation soient jamais en faveur auprès des Anglais en général, car ils souhaitent que les exécutions soient aussi exemptes que possible de détails révoltants. La vieille hache et le bloc du bourreau, que l'on peut encore voir dans la Tour, constituent à eux seuls un argument suffisant contre une reprise de leur usage. Outre le fait que la décapitation dans les meilleures conditions est révoltante, il faut encore considérer que de par la nature même de la fonction, le bourreau qui doit trancher la tête de sa victime doit être un homme brutal et dégradé, et il y a de fortes chances qu'il il ne sera pas aussi habile ni aussi prudent qu'il devrait l'être pour accomplir une telle tâche. Même parmi les races qui ne sont pas aussi hautement civilisées que les Anglais, et où il est plus facile d'obtenir des bourreaux proportionnellement meilleurs, on entend parfois dire qu'il faut plus d'un coup pour causer la mort, et un tel état de choses est très horrible. En Chine, la décapitation est presque devenue une science, et les bourreaux chinois sont probablement les bourreaux les plus habiles du monde. J'ai en ma possession un couteau de bourreau chinois, avec lequel les têtes de neuf pirates ont été coupées en neuf coups successifs, et c'est un couteau terrible et bien adapté à cet usage. Pourtant, même avec une telle arme, et avec l'habileté et l'expérience que les bourreaux chinois acquièrent grâce à une pratique fréquente, le coup échoue parfois, comme ce fut le cas dans l'une des dernières séries d'exécutions chinoises rapportées dans les journaux anglais.

Épée du bourreau, Canton.

Même la guillotine, dont on parle souvent comme la seule méthode parfaite et sûre, a échoué, et nous avons des cas dans lesquels le couteau a été levé et lâché une seconde fois avant de causer la mort. En tout cas, qu'on emploie la guillotine, la hache ou le couteau chinois, et quels que soient les soins qu'on prenne pour rendre la mort indolore et instantanée, il y a une horrible mutilation du malade qui doit révolter toutes les personnes sensibles.

La guillotine.

La méthode d'exécution espagnole et hispano-américaine, au moyen de la garotte, a été très louée par certains partisans de la réforme. Le prisonnier à garrotter est placé sur une chaise au dossier de laquelle un collier de fer est fixé de telle manière qu'il peut être tiré en partie à travers le dossier de la chaise au moyen d'un levier lourdement lesté. Lorsque le levier et le poids sont soulevés, la tête peut passer à travers le collier, et en laissant tomber le poids, le collier est tendu et provoque un étranglement. Cette méthode est certaine, mais je ne la considère pas aussi bonne que le système anglais actuel de pendaison, parce que la mort par strangulation est beaucoup plus lente et plus douloureuse que la mort par luxation. Dans une forme de chaise à garrot, ce fait a été reconnu, et une pointe de fer est placée immédiatement derrière le cou, de sorte que lorsque la pression est appliquée, la pointe pénètre entre deux vertèbres et sectionne la moelle épinière. Je considère cela comme pire que notre propre système, car la pointe de fer doit provoquer un certain saignement, ce que la méthode anglaise évite.

La Garotte.

Le système américain de pendaison, qui a été récemment remplacé par l'électrocution, n'était qu'une légère modification de l'ancien système de Jack Ketch, ou de la méthode séculaire du juge Lynch. Dans ces systèmes plus anciens, le condamné se tenait sur le sol pendant que la corde était placée autour de son cou et que l'autre extrémité passait sur le bras de la potence ou sur la branche d'un arbre. Ensuite, le bourreau et ses assistants ont tiré à l'autre bout de la corde, jusqu'à ce que la victime soit projetée hors du sol et progressivement étranglée. Dans la méthode américaine améliorée, la place du bourreau était remplacée par un poids lourd attaché à la corde et qui faisait rapidement grimper le condamné jusqu'à une hauteur de quelques pieds. Dans quelques cas très extrêmes de corps lourds avec des cous fragiles, cela peut avoir provoqué une luxation, mais en règle générale, l'étranglement serait la cause de la mort.

Anciennes méthodes.

Lorsque l'on a commencé à parler de l'utilisation de l'électricité pour les exécutions comme d'une possibilité pratique, je me suis naturellement beaucoup intéressé au sujet. À la suite de toutes les recherches que j'ai pu faire, j'ai conclu que, même si l'électrocution — comme l'appellent les Américains — est théoriquement parfaite, elle présente de nombreuses difficultés pratiques. L'expérience des autorités dans le cas du malheureux Kremmler, exécuté par l'électricité à New York, prouve pleinement que nous ne savons pas encore suffisamment dans quelles conditions l'électricité provoque une mort subite et indolore. Lorsque les détails de la méthode qui devait être adoptée pour les exécutions à New York furent publiés pour la première fois, j'étais avec un petit comité de messieurs à Manchester qui enquêtaient sur le sujet. Ils ont pris toutes les dispositions nécessaires pour expérimenter la fiabilité de la méthode. On a obtenu deux animaux qu'il fallait de toute façon tuer, à savoir un veau et un vieux chien de grande race. Dans le cas du veau, les connexions ont été effectuées de la manière prescrite et le courant a été activé. Cela se répéta deux fois, mais le seul résultat fut que le veau tomba à genoux et hurla de peur et de douleur, et le boucher le tua aussitôt de la manière ordinaire avec sa hache. Lorsque le choc fut appliqué au chien, il tomba et parut paralysé, mais il fallut un certain temps avant que la vie ne s'éteigne. Les derniers rapports sur les exécutions américaines indiquent que les morts ont été instantanées et indolores, mais la valeur de telles déclarations est amoindrie par le fait que les journalistes en sont exclus.

L'exclusion totale de la presse semblait en tout cas comme un aveu des autorités qu'elles n'avaient pas confiance dans la certitude de la méthode qu'elles utilisaient.

Au total, après un examen attentif de tous les principaux modes d'exécution, je suis convaincu que notre méthode anglaise, telle qu'elle est actuellement utilisée, est la meilleure encore connue, parce qu'elle est absolument certaine, instantanée et indolore.

Il peut être intéressant de terminer ce chapitre par une liste des principales méthodes d'exécution en usage dans les pays étrangers.

L'Autriche	Suspendu, public.
Bavière	Guillotine, privée.
Belgique	Guillotine, publique.
Brunswick	Hache, privée.
Chine	Épée ou corde d'arc, publique.
Danemark	Guillotine, publique.
France	Guillotine, nominalement publique ; mais en réalité tellement entouré de cordons de gens d'armes, etc., qu'il est pratiquement privé.
Allemagne	Épée ou pendaison, privée.
Hanovre	Guillotine, privée.
Italie	Pas de peine capitale.
Pays-Bas	Suspendu, public.
le Portugal	Suspendu, public.
Prusse	Épée, privée.
Russie	Coup de fusil, pendaison ou épée, public ; mais la peine capitale est pratiquement abolie, sauf pour les délits politiques.
Espagne	Garotte, publique.

Suisse	Quinze cantons, épée, public. Deux cantons, guillotine, public. Deux cantons, guillotine, privé.
États-Unis	État de New York, choc électrique, privé. Autres états, suspendus, privés.

Prison de Wandsworth (après une exécution).

CHAPITRE VII.
Deux expériences terribles.

ENSEMBLE des devoirs d'un bourreau est désagréable, mais il se produit parfois des incidents exceptionnels qui restent gravés dans la mémoire et dont on ne peut se souvenir sans un frisson involontaire . J'ai vécu deux de ces expériences et, comme chacun devrait toujours apprendre de ses échecs, je les ai mises en pratique comme leçons pour l'avenir. La première a été la tentative d'exécution de John Lee, qui a conduit le ministère de l'Intérieur à mener une enquête sur les modalités d'exécution dans les différentes prisons, et finalement à publier un plan officiel pour l'abandon, qui a été utilisé dans toutes les prisons où des échafaudages ont depuis été érigées. La deuxième de ces expériences a eu lieu lors de l'exécution de Robert Goodale, lorsque la longueur de la chute a provoqué la séparation de la tête du corps. Cela m'a appris que le système de chute longue alors utilisé et introduit par M. Marwood, était défectueux dans certains cas, et m'a amené à élaborer mon tableau actuel des longueurs de chute, comme expliqué dans le chapitre sur « Ma méthode de chute. Exécution."

Il y a tellement d'idées erronées qui circulent sur les détails de ces deux cas que je pense qu'il serait utile de donner les détails réels, d'autant plus qu'aucune explication véritable n'a jamais été publiée sur la difficulté survenue dans le cas de Lee.

Lee a été reconnu coupable du meurtre de Miss Keyse, dans la maison de laquelle, à Babbacombe, il était employé comme domestique. Le lundi 23 février 1885, à huit heures, était l'heure fixée pour son exécution. L'échafaudage et ses aménagements n'avaient pas été utilisés pour une exécution antérieure, dans leur position d'alors, bien que la chute ait été utilisée une fois, pour l'exécution de Mme Took, mais elle a ensuite été fixée à un autre endroit. Le samedi, j'ai examiné cette chute et j'ai signalé qu'elle était beaucoup trop fragile pour son usage, mais j'ai actionné le levier et j'ai constaté que les portes tombaient bien. Le lundi matin, à l'heure convenue, j'ai fait sortir le prisonnier de la manière habituelle, je l'ai accroché et j'ai ajusté le nœud coulant. Il était parfaitement calme, presque indifférent. Lorsque le nœud coulant fut ajusté, je reculai et tirai sur le levier. Le bruit des verrous coulissants était clairement audible, mais les portes ne tombèrent pas. J'ai piétiné la goutte pour la libérer, ainsi que certains gardiens, mais aucun de nos efforts n'a pu la faire bouger. Lee se tenait comme une statue, ne faisant aucun son ni signe. Dès que nous avons constaté que nos efforts étaient inutiles, nous avons emmené le condamné. Nous essayâmes les portes, qui tombèrent facilement ; puis Lee fut remis en place, et encore une fois les portes refusèrent de tomber. Ensuite, le prisonnier a été emmené et sa peine a finalement été commuée. Peut-être serait-il bon de déclarer ici que le rapport selon lequel Lee a été exécuté depuis, et un autre rapport selon lequel il a été libéré, sont tous deux également faux ; car il est toujours en prison.

Diverses raisons ont été avancées pour expliquer l'échec des travaux, mais on a généralement cru que cela était dû au gonflement des portes à cause de la pluie tombée dans la nuit du dimanche. Le fait que ce n'était pas la cause est prouvé, premièrement, par le fait que les portes tombaient parfaitement lorsque le poids du prisonnier ne reposait pas sur elles, et deuxièmement, par le fait qu'elles ne tombaient pas avec le prisonnier sur elles, même si nous avions coupé et raboté les côtés là où ils étaient censés coller.

Le gouverneur de la prison et le sous-shérif, qui étaient présents, étaient terriblement bouleversés de l'échec de la tentative d'exécution et de l'attente prolongée et terrible dans laquelle le prisonnier était maintenu. Ils en étaient presque affolés, mais on ne pouvait rien y faire.

Le sous-shérif m'a demandé de rédiger un bref exposé des faits, accompagné de mon opinion sur la cause de la difficulté, et je donne ci-dessous une copie de ma lettre.

Bureau du bourreau,
1, Bilton Place, City Road, Bradford, Yorks.,
4 mars 1885.

Concernant JOHN LEE.

Monsieur,

Conformément à la demande contenue dans votre lettre du 30 janvier, je vous informe que dans la matinée du vendredi 20 décembre, j'ai voyagé de Bradford à Bristol, et dans la matinée du samedi 21, de Bristol. à Exeter, arrivant à Exeter à 11h50, quand j'ai marché directement jusqu'à la prison du comté, j'ai signé mon nom dans votre registre de prison à 12 heures exactement. On m'a conduit au bureau du gouverneur et j'ai convenu avec lui que j'irais dîner et que je retournerais à la prison à 14 heures. Après-midi, j'ai donc quitté la prison, j'ai dîné et je suis revenu à 13 heures 50, lorsqu'on m'a montré la chambre qui m'était réservée, qui était la chambre d'un officier dans le nouveau service d'hôpital. Peu de temps après, j'ai fait une inspection du lieu d'exécution. L'exécution devait avoir lieu dans une remise dans laquelle le fourgon de la prison était habituellement conservé. Deux gardiens m'ont accompagné lors de l'inspection. Dans la remise, j'ai trouvé une poutre d'environ quatre pouces d'épaisseur et d'environ un pied de profondeur, placée sur le dessus de la remise. A travers cette poutre, un boulon en fer était fixé avec un écrou en fer sur le côté supérieur, et à ce boulon était fixée une tige en fer forgé, longue d'environ trois quarts de mètre, avec un trou à l'extrémité inférieure auquel la corde devait être fixée. être attaché. Deux trappes ont été placées dans le sol de la remise, qui est dallée de pierre, et ces portes couvrent une fosse d'environ 2 mètres sur 1½ mètre de diamètre et d'environ 11 pieds de profondeur. En inspectant ces portes, j'ai découvert qu'elles n'avaient qu'un pouce d'épaisseur environ, mais pour avoir été construites correctement, elles auraient dû avoir une épaisseur de trois ou quatre pouces. La ferronnerie des portes était fragile et beaucoup trop faible pour cet usage. Il y avait un levier sur ces portes, et il était placé près du sommet. J'ai tiré le levier et les portes sont tombées, les loquets fonctionnant bien. J'ai fait relever les portes et j'ai essayé le levier une seconde fois, lorsque le loquet a de nouveau bien fonctionné. Le Gouverneur m'observait par la fenêtre de son bureau et m'a vu essayer les portes. Après l'examen, je suis allé le voir, je lui ai expliqué comment j'avais trouvé les portes et je lui ai suggéré que, pour les exécutions futures, de nouvelles trappes soient construites environ trois fois plus épaisses que celles qui étaient alors fixées. J'ai également suggéré qu'un ressort soit fixé dans le mur pour retenir les portes lorsqu'elles tombaient, afin qu'aucun rebond ne se produise, et que la ferronnerie des portes soit plus solide. Le gouverneur a déclaré qu'il veillerait à ces questions à l'avenir. J'ai passé tout le dimanche dans la chambre qui m'était assignée et je ne suis pas sorti de la prison. Je me suis couché vers 9h45 ce soir-là. L'exécution fut fixée à huit heures du matin, le lundi 23 dernier.

Le lundi matin, je me suis levé à 6 h 30 et j'ai été conduit de la chambre par un gardien, à 7 h 30, au lieu d'exécution. Tout semblait être comme je l'avais laissé le samedi après-midi. J'ai fixé la corde à ma manière habituelle et j'ai tout préparé. Je n'ai pas essayé les trappes car elles semblaient être telles que je les avais laissées. Il a plu abondamment dans les nuits de samedi et dimanche. Vers huit heures moins quatre minutes, le gouverneur me conduisit à la cellule des condamnés et me présenta à John Lee. Je me mis aussitôt à l'immobiliser, ce qui fut fait de la manière habituelle, puis je fis signe au gouverneur que j'étais prêt. Le cortège était formé, dirigé par le gouverneur, le surveillant en chef et l'aumônier suivis de Lee. J'ai marché derrière Lee et 6 ou 8 gardiens sont venus après moi. En arrivant sur le lieu d'exécution, j'ai découvert que vous étiez là avec le chirurgien de la prison. Lee fut aussitôt placé sur les trappes. J'ai pincé ses jambes, j'ai abaissé le bonnet blanc, j'ai ajusté la corde, j'ai marché d'un côté et j'ai tiré le levier, mais la trappe n'est pas tombée. Je m'étais déjà tenu sur les portes et pensais qu'elles tomberaient assez facilement. J'ai détaché la sangle de ses jambes, pris la corde de son cou, enlevé le bonnet blanc et emmené Lee dans une pièce voisine jusqu'à ce que j'examine les portes. J'ai actionné le levier après que Lee ait été retiré, je l'ai tiré et les portes sont tombées facilement. Avec l'aide des gardiens, les portes furent levées et le levier tiré une seconde fois, puis les portes retombarent facilement. Lee a ensuite été amené de la pièce voisine, mis en place, le capuchon et la corde ajustés, mais lorsque j'ai tiré à nouveau sur le levier, il n'a pas agi et en essayant de le forcer, le levier a été légèrement tendu. Lee a ensuite été emmené une seconde fois et conduit dans la pièce voisine.

On m'a suggéré que les boiseries étaient trop serrées au centre des portes, et l'un des gardiens est allé chercher une hache et un autre un avion. J'ai réessayé le levier mais il n'a pas agi. Un morceau de bois a ensuite été scié sur l'une des portes, près de l'endroit où se trouvaient les loquets en fer, et à l'aide d'un pied-de-biche en fer, les loquets ont été renversés et les portes sont tombées. Vous avez ensuite donné l'ordre que l'exécution ne puisse avoir lieu avant d'avoir communiqué avec le ministre de l'Intérieur, et Lee a été ramené à la cellule des condamnés. Je suis d'avis que les ferronneries des trappes n'étaient pas assez solides à cet effet, que les boiseries des portes auraient dû être environ trois ou quatre fois plus lourdes, et avec des ferronneries correspondantes, de sorte que lorsqu'un Un homme du poids de Lee était placé sur les portes, les loquets en fer ne se seraient pas verrouillés, comme je suis sûr qu'ils l'ont fait à cette occasion, mais ils réagiraient facilement. En ce qui me concerne, tout a été exécuté avec soin, et si le fer et les boiseries avaient été suffisamment solides, l'exécution aurait été accomplie de manière satisfaisante.

Je le suis, Monsieur,

Votre obéissant serviteur,
JAMES BERRY .

Henry M. James, Esq.,
sous-shérif du Devon,
The Close, Exeter.

L'autre expérience misérable qui reste gravée dans ma mémoire fut, comme je l'ai déjà dit, l'exécution de Robert Goodale. Il fut condamné à mort pour le meurtre de sa femme et le 30 novembre 1885, j'étais au château de Norwich pour procéder à son exécution. A cette époque, je travaillais avec mon tableau original des longueurs de chute, que j'avais basé sur le système de M. Marwood. Ce tableau et quelques détails du cas de Goodale, ou plutôt des nouveaux calculs que j'ai faits à la suite de la leçon alors apprise, se trouveront dans le chapitre sur « Ma méthode d'exécution ». Il pesait quinze pierres, et la chute calculée pour un homme de ce poids, d'après l'ancienne table, était de 7 pieds 8 pouces. Comme Goodale ne semblait pas très musclé, j'ai réduit la chute d'environ deux pieds - en fait, comme aussi près que j'ai pu le mesurer, à 5 pieds 9 pouces. La corde que j'ai utilisée était celle fabriquée et fournie par le gouvernement, et je l'avais utilisée sept jours auparavant pour l'exécution de John Williams, à Hereford. Le largage a été construit sur un plan fourni par le gouvernement et avait déjà été utilisé. En fait, tout fonctionnait parfaitement. Le gouverneur de la prison avait été particulièrement soucieux que tout se passe bien et avait pris toutes les précautions possibles pour éviter un accroc. Il avait personnellement testé la chute le jeudi matin précédent et l'avait de nouveau testé le samedi, en compagnie d'un ingénieur. L'ensemble des dispositions s'effectua de la manière habituelle, et lorsque je tirai le levier, la goutte tomba proprement et le prisonnier tomba hors de vue. Nous avons cependant été horrifiés de voir la corde se soulever brusquement et, un instant, j'ai cru que le nœud coulant avait glissé de la tête du coupable ou que la corde s'était cassée. Mais c'était pire que cela, car le secousse avait entièrement coupé la tête du corps, et les deux étaient tombées ensemble au fond de la fosse. Bien sûr, la mort était instantanée, de sorte que le pauvre garçon n'avait souffert d'aucune façon ; mais c'était terrible de penser qu'une chose aussi révoltante ait pu se produire. Nous étions tous énervés et choqués. Le gouverneur, dont les efforts pour prévenir tout accident avaient maintenu ses nerfs à rude épreuve, s'effondra et pleura.

L'enquête a été une épreuve éprouvante pour toutes les personnes concernées, et ce fut un grand réconfort pour moi de constater que le gouverneur et le chirurgien de la prison ont tous deux témoigné du soin avec lequel chaque détail avait été réalisé. Dans mon témoignage, j'ai mentionné que j'avais pendu auparavant un homme plus lourd, à savoir Joseph Lawson, qui pesait 16 pierres (8 livres) et à qui j'avais donné une goutte de 8 pieds. Dans son cas, il n'y avait même pas d'abrasion de la peau du cou. Quand j'eus terminé mon témoignage, le coroner dit : « Je dois dire, avant que vous quittiez la salle, qu'au vu des preuves disponibles, il ne semble y avoir rien qui puisse vous blâmer, soit par manque d'habileté, soit par manque d'habileté. dans un état inapproprié. » Après cela, le témoignage du chirurgien de la prison a été recueilli et le jury a rendu un verdict selon lequel « Robert Goodale est mort par pendaison, conformément au jugement de la loi ; et que personne n'était responsable de ce qui s'était passé.

Dans ce qui précède, j'ai parlé de *deux* expériences terribles, et certains de mes lecteurs, avec l'exécution de Conway à Kirkdale, fraîchement gravée dans leurs mémoires, se demanderont pourquoi on n'en parle pas. Le fait est que ce qui précède a été écrit avant l'exécution de Conway, et comme l'accident qui s'est produit à cette occasion n'était en aucun cas dû à ma propre ignorance ou à ma négligence, mais était exactement ce à quoi je m'attendais en raison de l'interférence de mes arrangements. avec d'autres, le choc que j'ai reçu n'a pas été aussi grand que les deux autres occasions. Les détails de cette exécution seront trouvés dans la section intitulée « La chute » du chapitre « Ma méthode d'exécution ».

CHAPITRE VIII.
Comment meurent les meurtriers.

COMME UN de mes objectifs en écrivant ce livre est de donner au public une base solide pour la formation d'une opinion publique saine au sujet de la peine capitale, il est nécessaire que le présent chapitre soit long et que de nombreux Certains de ses détails devraient être douloureux – parce qu'ils sont vrais. Si je passais sous silence les faits, je manquerais manifestement à mon devoir envers mes lecteurs, mais je me suis efforcé, autant que possible, d'éviter les détails révoltants.

Pour l'Anglais ordinaire, un meurtrier est un meurtrier et rien d'autre. C'est une vile créature qui a pris la vie et qui, selon la loi divine et nationale, doit mourir à cause de son acte. C'est une créature différente du reste de l'humanité, un démon, un monstre, qui a outragé la justice et qui doit mourir comme un chien. Pour moi, un meurtrier est une étude. C'est un homme qui a commis une mauvaise action, qui peut ou non être naturellement vicieux ; qui peut ou non être réellement responsable de ses actes ; qui peut ou non être fervent pénitent. Mes propres idées sur la peine capitale sont exposées dans un autre chapitre. Je crois, honnêtement, et après une longue étude du sujet, avec des occasions uniques de jugement, que chez une certaine classe inférieure de brutes humaines, la peur de la mort est le seul frein qui puisse d'une manière ou d'une autre freiner leurs convoitises et leurs passions. Mais j'ai parfois pensé que parmi ceux que j'ai exécutés, pour des crimes qu'ils ont sans doute commis, il y avait des hommes pour qui leur crime était un malheur plus terrible que la mort ; des hommes qui n'avaient pas prémédité le meurtre, qui n'y avaient pris aucun plaisir et n'en attendaient aucun profit, et qui, s'ils avaient pu par quelque moyen être mis en liberté, avaient en eux l'aspect de citoyens modèles. Logiquement, et par conviction, je pense que si quelqu'un verse le sang d'un homme, c'est par l'homme que son sang doit être versé ; mais, par sentiment, je regrette parfois que certains meurtriers ne puissent pas être libérés. Le pouvoir de sursis est, bien entendu, souvent exercé, et à juste titre, et pourtant, il semble parfois que les meurtriers qui ont été volontaires, délibérés et profondément vicieux dans leurs actes et leur caractère bénéficient d'un sursis parce qu'ils possèdent des personnalités intéressantes ou des amis influents. tandis que d'autres sont exécutés qui ont un meilleur appel à la miséricorde, mais personne pour le présenter. Le sujet dans son ensemble est très difficile ; Je dois exposer les faits à mes lecteurs et les laisser tirer leurs propres conclusions. Mais je peux dire que les exécutions qui m'ont causé le plus de problèmes ne sont pas celles dans lesquelles les condamnés étaient violents ou hystériques, ni celles dans lesquelles ils se débattaient, se battaient et injuriaient, ou résistaient avec acharnement et obstination ; mais les rares cas dans lesquels ils se sont dévotement pénitents et semblaient presque accueillir la mort comme une délivrance d'un fardeau trop lourd à porter et une expiation du péché qu'ils déploraient. Dans de tels cas, la tâche du bourreau est en effet pénible.

La conduite des condamnés dans la cellule et sur l'échafaud jette beaucoup de lumière sur les différentes phases du caractère humain, et cela a toujours été pour moi une étude intéressante.

Robert F. Vickers et William Innes.

Les deux premiers hommes que j'ai exécutés, bien que bons amis et complices du crime, avaient un comportement totalement différent l'un de l'autre. Ils montraient tous deux une profonde émotion, bien qu'ils appartenaient à un type d'humanité inférieur, et ils écoutaient tous deux attentivement l'aumônier aussi souvent qu'il était disposé à leur rendre visite, ainsi que les ministres extérieurs qui s'intéressaient à leur sort, mais je crois ils l'ont fait dans le but de tirer le meilleur parti d'un mauvais travail – si un « meilleur » était possible – plutôt que par conviction profonde du caractère pécheur de leur offense. Au-delà de cela, leur comportement était totalement différent. Vickers était plein d'espoir tout au long et demandait continuellement si « le sursis » était venu. Même lorsque je lui ai été présenté le matin de l'exécution, il n'avait pas désespéré, et son espérance le rendait presque joyeux. Même lorsque nous étions sur l'échafaud, il était convaincu qu'il ne mourrait pas, et il semblait écouter, comme le faisaient autrefois les gens sur l'échafaud, le cavalier se précipitant sauvagement à travers la cour et criant : « Sursis ! Sursis!" au tout dernier moment. Ce n'est que lorsque le nœud coulant lui toucha le cou qu'il réalisa que son exécution devait être un fait solennel, et lorsque la terrible réalité éclata sur lui, il s'évanouit.

Son compagnon de crime et de mort se tenait impassible sur l'échafaud, résigné et calme, sans espoir ni crainte. La casquette blanche était sur son visage lorsque Vickers s'est évanoui, et aucun son des passants ne lui a laissé entendre que Vickers était vaincu. L'homme évanoui fut soutenu un instant, puis on toucha le levier, et il ne fallut plus le soutenir. Le meurtre de Gorebridge, pour lequel ces hommes furent exécutés, fit alors grand bruit.

Marie Lefley.

Marie Lefley.

Mon exécution suivante, au cours de laquelle la personne condamnée était une femme, a été une expérience très différente. Mary Lefley, la coupable, était avant son mariage une compagne de Priscilla Biggadike, qui fut exécutée à Lincoln pour avoir empoisonné son mari. Mary Lefley a commis le même crime, empoisonnant son mari en insérant de l'arsenic dans un riz au lait. Après la condamnation à mort, jusqu'au moment de l'exécution, elle espérait un sursis, et jusqu'au bout elle protesta de son innocence ; cependant, la nuit précédente, elle était très agitée et s'écriait constamment : « Seigneur ! Tu sais tout », et il a prié avec ferveur. Elle ne voulait pas prendre de petit-déjeuner et lorsque je l'ai approchée, elle était dans un état nerveux et agité, priant Dieu pour son salut, non pas comme une meurtrière mais comme une femme innocente. À mon approche, elle a levé les mains et a crié : « Meurtre ! Meurtre!" et elle a dû être conduite à l'échafaud par deux gardiennes, qui hurlaient tout le temps. Elle est morte comme elle avait vécu, impénitente et menteuse, niant sa culpabilité jusqu'au bout.

Joseph Lawson ,

L'acteur principal de la tragédie de Butterknowle, lorsque le sergent Smith fut assassiné, était un terrible mélange de peur lâche et de bravade inconsidérée. Durant les derniers jours de sa vie, il était ennuyeux et découragé, et pendant la nuit précédant son exécution, son sommeil était fréquemment interrompu par des accès de terreur et d'épuisement nerveux, lorsqu'il frissonnait comme s'il était en proie à une fièvre. Le matin du dernier jour, il se levait à six heures et essayait de paraître joyeux ou même jovial. Dans la salle des pignons, il salua les gardiens d'un joyeux « bonjour » et, en se dirigeant vers l'échafaud, il rit de manière hilarante à son propre trébuchement. Puis il commença à utiliser un langage grossier et blasphématoire, et ne cessa pas même lorsque le bonnet blanc était rabattu sur son visage. Ses serments couvraient la voix de l'aumônier qui lisait le service funéraire habituel, et avec des mots horribles aux lèvres, il fut lancé dans une sombre éternité.

Peter Cassidy.

Mon tout prochain cas contrastait fortement avec le précédent. Le condamné était Peter Cassidy ; son délit, le meurtre de sa femme. C'était un de ces cas où il est difficile de savoir si l'homme doit être le plus à plaindre ou à blâmer, s'il n'a pas été plus coupable que coupable. Qu'il ait commis le meurtre dans un accès d'ivresse frénétique, cela ne faisait aucun doute ; il ne l'a pas nié ; mais il est certain qu'il avait reçu de grandes et fréquentes provocations. Lui et sa femme étaient dépendants de l'alcool - ce qui en était la principale cause, je ne sais pas - mais le jour du meurtre, sa femme était absente de la maison pendant un certain temps sans son consentement et sans qu'il sache où elle se trouvait. Quand elle revint, elle était ivre, lui aussi, et dans la querelle qui s'ensuivit, il la tua. Mais lorsqu'il redevint sobre, ses remords furent aussi profonds que sa passion ivre avait été violente. Il a réalisé la gravité de son crime et le bien-fondé de sa condamnation à mort. Il accordait une grande attention aux soins du Révérend Père Bonté, aumônier catholique romain, et lors de son dernier jour sur terre, il semblait paisible et résigné. Il se dirigea vers l'échafaud d'un pas libre et ferme. La matinée était sombre et maussade, mais au moment où nous traversions la cour de la prison, une fine lueur de soleil perça les nuages plombés et se posa un instant sur le petit cortège. Dans cet instant de soleil, Cassidy respirait convulsivement, mais le ciel s'assombrit presque instantanément et il retrouva son calme. Sur l'échafaud, il entra dans le service catholique romain, que le Père Bonté lisait, répétant les réponses avec fermeté et ferveur, en fait, il était tellement absorbé par le service que je ne pense pas qu'il savait que je lui pinçais les jambes. Il continua ses prières pendant que j'ajustais le bonnet blanc sur ses yeux, mais lorsque la corde toucha son cou, il devint cramoisi jusqu'à la racine de ses cheveux et ses lèvres se contractèrent. La honte et le chagrin intenses n'ont jamais été exprimés plus clairement par aucun homme. Une très grande proportion de meurtres sont directement imputables à l'alcool, et dans presque tous les cas où un meurtrier a évoqué le mobile de son crime, il a imputé la faute à l'alcool.

Moïse Shrimpton.

Moïse Shrimpton .

En règle générale, c'est le primo-délinquant — il y a beaucoup de meurtriers dont le grand crime est leur premier délit — qui est le plus touché par la nature terrible de sa situation lorsqu'il est condamné à mort. Le criminel âgé et expérimenté, bien qu'il ait une grande crainte de l'échafaud et de la corde tant qu'il est en liberté, et bien qu'il s'intéresse généralement plus à son procès et déploie de plus grands efforts pour son acquittement que le novice en crime, est généralement résigné et indifférent dès que la sentence est prononcée. En règle générale, il ne prête que peu d'attention aux soins de l'aumônier ou aux condoléances de ses amis. Il n'est ni pieux, ni hystériquement craintif, ni abusivement rebelle : il attend simplement son sort. Une sorte de stoïcisme dur semble le faire taire ; il a joué un jeu désespéré, les yeux ouverts, a joué pour des enjeux élevés et a perdu. Je dis que c'est généralement le cas de l'oiseau de prison ; et pourtant il y a des exceptions, et parmi ces exceptions, d'après ma propre expérience, Moses Shrimpton était remarquable. Sa vie, presque du berceau à la tombe, fut une longue carrière de crimes et de châtiments. C'était un homme au caractère fort et déterminé, un leader parmi les voyous de son district. Il fut condamné à un mois d'emprisonnement pour braconnage en février 1848, et depuis lors jusqu'à son exécution en mai 1885, il sortit rarement de prison pendant plusieurs mois ensemble. Il se glorifiait de son succès en tant que braconnier et racontait de manière très intéressante les récits de ses aventures désespérées aux gardiens de la prison de Worcester, où il était un détenu bien connu et fréquent. Il a été condamné à mort pour le meurtre violent et brutal d'un policier, qui l'avait arrêté en flagrant délit alors qu'il volait de la volaille. Il n'exprima aucune surprise ni aucun sentiment d'aucune sorte lorsqu'il apprit qu'il était condamné à mort, mais au grand étonnement de tous ceux qui le connaissaient, il parut avoir un caractère entièrement changé par la pensée de la mort. Ceux qui lui ont administré une consolation spirituelle au cours de ses trois dernières semaines de vie étaient persuadés que son repentir et son amendement étaient réels, et certainement ses actions ressemblaient à celles d'un homme réellement convaincu. Il accordait une grande attention à l'aumônier qui lui rendait visite et lisait la Bible heure après heure. Il nota soigneusement certains passages qui l'intriguaient et demanda des explications lors de la prochaine visite de l'aumônier. Lorsque le moment de son exécution est venu, il était confiant, presque provocant, et s'est dirigé droit et ferme vers l'échafaud. Alors qu'il montait sur la chute, il baissa les yeux et rapprocha ses pieds pour m'aider à fixer la sangle qui maintenait ses jambes. Avant que j'abaisse le bonnet blanc, il regarda autour de lui comme pour voir le bout du monde, puis, hochant la tête pour signifier qu'il était prêt, il attendit que le nœud coulant soit ajusté.

Rudge, Martin et Baker.

Des exemples plus ordinaires de décès de criminels endurcis ont été présentés dans les cas de Rudge, Martin et Baker. On se souvient que ces hommes ont commis un vol de bijoux à Netherby, dans le Cumberland, puis ont assassiné l'agent de police Byrnes et ont lancé une attaque meurtrière contre d'autres policiers, tout en tentant d'échapper à leur arrestation. Ces hommes, une fois leur sentence prononcée, n'avaient plus aucun intérêt à la vie ; et je crois que si le choix leur avait été offert, ils auraient préféré marcher droit du quai à l'échafaud, plutôt que d'avoir la grâce de trois semaines qui est accordée aux condamnés. Dans le cas de presque tous les criminels habituels, je crois qu'il en est ainsi : ils ne craignent pas la mort et ne se repentent pas de leur crime. Tant qu'il existe l'ombre d'une chance d'acquittement ou de sursis, ils s'accrochent à la vie, mais dès que la condamnation à mort est prononcée, ils deviennent indifférents et aimeraient « en finir » le plus vite possible, principalement parce que le la vie en prison les ennuie.

Des trois hommes dont j'ai parlé, Rudge était le seul qui semblait se soucier de s'intéresser à la vie. Il a passé une bonne partie de son temps à rédiger un exposé de ses vues sur le système actuel de servitude pénale, pour l'information du ministère de l'Intérieur. Ayant subi deux longues peines, il connaissait parfaitement son sujet de l'intérieur. Avec ses serviteurs, il parlait librement, tant de lui-même que d'autres sujets d'intérêt. Il a insisté sur le fait qu'il y avait quelque chose qui n'allait pas avec sa tête, ce qui lui avait causé des problèmes à plusieurs reprises dans sa vie. Il n'a demandé aucun sursis à ce sujet, mais il a prié l'aumônier de la prison d'examiner son cerveau après sa mort et a réitéré sa demande presque jusqu'à la dernière heure avant l'exécution. Martin et Baker ont passé la majeure partie des trois semaines au lit. Ils ne voulaient ni parler ni faire autre chose. Rudge et Martin étaient baptisés catholiques romains, tandis que Baker avait reçu une éducation protestante, mais aucun d'entre eux ne semblait se soucier des soins du prêtre ou de l'aumônier de la prison. Il leur semblait lâche et déraisonnable de demander grâce à Dieu simplement parce qu'ils étaient condamnés à mort, alors qu'ils savaient très bien qu'ils auraient vécu au mépris de Dieu et des hommes s'ils étaient restés libres. Après un certain temps, ils cédèrent aux conseils et aux supplications de leurs conseillers spirituels jusqu'à écouter tout ce qu'ils avaient à dire. Baker a semblé s'occuper attentivement du ministère de l'aumônier et a pris la sainte communion une heure avant l'exécution. Baker était préoccupé par le bien-être de sa bien-aimée, Nellie, et a passé une partie de la nuit précédant son exécution à lui écrire une longue lettre. Dans cette lettre, il l'assurait de son amour et de sa constance, et la suppliait de rester dans le droit chemin.

Les trois hommes marchèrent d'un pas ferme vers l'échafaud, où ils se serrèrent la main tout autour en disant : « Au revoir, mon vieux, au revoir » — rien de plus. Leurs noms étaient déjà inscrits à la craie : Martin au centre, Rudge à droite et Baker à gauche. Les hommes se remirent aussitôt à leur place et apportèrent toute l'aide qu'ils purent pour l'attelage final et l'ajustement des nœuds coulants. Juste avant que la goutte ne tombe, Baker a crié : « Reste droite, Nellie ! puis les trois hommes moururent ensemble, sans un mot de peur, ni même un frémissement ou une joue pâle parmi eux. La jeunesse et l'allure virile de Baker, ainsi que la forte affection dont il était capable, comme le montrait la manière dont sa Nellie était toujours au premier plan de ses pensées, m'ont beaucoup touché. Son exécution a été l'une des plus tristes de mes nombreuses expériences.

Mme Britland.

Mary Ann Britland.

J'ai dit que les personnes les plus cruelles et les plus insensibles dans leurs actes meurtriers sont souvent les plus lâches après leur condamnation. La classe des meurtriers cruels et insensibles est tout à fait distincte de celle des meurtriers violents, comme Rudge, Martin et Baker. Ces hommes, luttant contre la loi, combattent équitablement selon leurs lumières. Ils prennent des risques et en subissent les conséquences de manière simple. Mais la classe cruelle et insensible fait preuve d'une lâcheté et d'un égoïsme dont Rudge, Martin et Baker étaient incapables. Un exemple de cela me vient à l'esprit dans le cas de Mary Ann Britland, que j'ai exécutée à la prison de Strangeways, à Manchester. Elle était un exemple de la classe de personnes pour qui le répit de trois semaines avant la mort est la plus grande cruauté possible. Elle a été condamnée pour le meurtre d'une femme qui s'était liée d'amitié avec elle et chez laquelle elle vivait en tant qu'invitée au moment du meurtre. Il a également été prouvé qu'elle avait assassiné son propre mari et sa fille par le même moyen, à savoir le poison. Il semble difficile de concevoir un mobile adéquat pour une telle série de crimes, s'étendant sur une période de temps considérable, mais une théorie a été avancée, et étayée par ses aveux, selon laquelle elle souhaitait épouser le mari de sa dernière victime. Pour atteindre cet objectif, elle tua d'abord sa fille (pour quelle raison exacte n'est pas claire, à moins qu'elle ne craignait que la jeune fille n'ait des soupçons sur ses desseins sur les autres), puis son mari, et enfin son amie, qui l'avait plaint seule et veuve, et lui a donné de la nourriture et un abri. Le mari de la troisième victime a été jugé en vue de le rendre complice, mais l'enquête a montré qu'il n'avait jamais manifesté aucune sympathie pour Mme Britland et qu'il était clairement impossible qu'il ait pu avoir un quelconque lien avec Mme Britland. les meurtres. Lors de son procès, elle était complètement perturbée, non pas par le remords, mais par la peur. Lorsque le verdict a été annoncé et qu'on lui a demandé si elle avait quelque chose à dire pour justifier que la sentence ne soit pas prononcée, elle a fondu en larmes. Pendant le prononcé de la sentence, elle interrompait sans cesse le juge avec des appels à la miséricorde, mais trouvant ces appels inutiles, elle criait au ciel avec la plus grande agonie. Même après son transfert en cellule, ses cris ont pu être entendus longtemps à l'extérieur. Pendant le temps qui s'écoula avant son exécution, elle fut en partie soutenue par l'espoir d'un sursis et clama son innocence presque jusqu'au bout. Malgré son espoir, elle ne pouvait s'empêcher de craindre terriblement que le sursis ne vienne pas, et la crainte de la mort était si lourde sur elle qu'elle la réduisit en trois semaines à une épave hagarde d'elle-même. Elle a prié longuement et apparemment sincèrement pour obtenir l'aide de Dieu, mais n'a reconnu sa culpabilité que presque au dernier moment, lorsqu'elle a vu qu'il n'y avait aucun espoir de sursis. Le matin de l'exécution, elle était si affaiblie qu'elle était totalement incapable de subvenir à ses besoins et dut être pratiquement portée jusqu'à l'échafaud par deux gardiennes. Pendant une heure avant l'exécution, elle avait gémi et pleuré lamentablement, et quand je suis entré dans sa cellule, elle a commencé à crier et à appeler à haute voix. Jusqu'à l'échafaud, ses cris furent déchirants, même si sa voix était affaiblie par la souffrance, et tandis que le bonnet blanc était mis sur sa tête, elle poussa des cris qu'un des journalistes qualifia de «tels qu'on pouvait s'y attendre au moment même». séparation du corps et de l'esprit par la terreur mortelle. Les gardiennes l'ont maintenue sur la chute jusqu'à ce que le nœud coulant soit fixé, puis leurs places ont été prises par deux gardiens masculins qui ont reculé rapidement au signal que je leur ai donné, et avant qu'elle ait eu le temps de vaciller de côté ou de s'effondrer, la chute est tombée et la malheureuse était morte.

James Murphy.

James Murphy.

Certains condamnés sont inconsciemment humoristiques, tandis que d'autres que j'ai rencontrés ont fait preuve d'une disposition indifférente et volontairement humoristique, ce qui est surprenant si l'on considère la gravité de mes affaires avec eux. James Murphy, que j'ai exécuté à York, en novembre 1886, pour le meurtre de l'agent de police Austwick, de Barnsley, semblait considérer sa condamnation et sa mort plutôt comme une plaisanterie que comme une autre, et peut-être en partie comme une question de fierté. Il ne semblait jamais penser que c'était une affaire très sérieuse, et la principale référence qu'il faisait à ce sujet était une assurance fréquente à ses serviteurs qu'il mourrait fermement et ne montrerait aucune crainte sur l'échafaud. Je lui ai été présenté par le gouverneur du château d'York la veille de l'exécution, alors qu'il était en train de dîner. On lui a dit qu'« un gentleman de Bradford » était venu le voir, mais il a feint de ne pas comprendre mon identité et a murmuré : « Bradford ! Bradford !... Je n'ai pas d'amis à Bradford. On lui expliqua alors que le monsieur en question était son bourreau, et il répondit en souriant : « Oh ! bien sûr!" mais il continua à cueillir l'os de mouton sur lequel il s'était occupé lorsque nous sommes entrés. Dans la dernière lettre qu'il écrivit, parlant de cet incident, il dit : « Je suis de bonne humeur, le gouverneur m'a apporté votre lettre à l'heure du dîner et le pendu avec lui. J'ai serré la main du pendu et il m'a demandé de lui pardonner et je l'ai fait. *Mais je ne dîne pas plus mal.* » La même affirmation pourrait également s'appliquer à son dîner et à son petit-déjeuner le lendemain matin, car pendant tout son emprisonnement, sa bonne humeur et sa résolution ne l'ont jamais abandonné un instant. Il était parfaitement satisfait des dispositions prises à son égard par les autorités pénitentiaires ; mais les prêtres catholiques présents ne purent en tirer aucune satisfaction. Il se sépara de son frère, de sa femme et de sa fille sans aucun signe d'émotion, avec la légèreté d'un ouvrier qui part pour sa journée de travail. Il rendit justice à son dernier repas et, lorsqu'il fut terminé, demanda une « pipe de bacca », la seule demande qu'il fit à laquelle le gouverneur ne put accéder. Il semblait s'intéresser beaucoup au processus de démarrage et m'a aidé du mieux qu'il pouvait. Sa demande était que je l'exécute rapidement et sans douleur, et j'ai pu lui accorder cette faveur.

Édouard Pritchard

a été pendu dans la prison de Gloucester le 17 février 1887 pour le meurtre d'un garçon à Stroud. L'objet était un vol, car le garçon transportait de l'argent de la banque pour payer son salaire. Pritchard a pratiquement plaidé coupable et semblait sincèrement désolé pour son acte. Il ne cherchait pas à échapper à la mort, mais s'efforçait d'obtenir le pardon de la maison dont il avait pris l'argent et des parents du garçon qu'il avait assassiné pour l'obtenir. Au père du garçon, il écrivit une lettre, implorant sincèrement son pardon ; et M. Allen, qui était un homme bon et bienveillant, se rendit à Gloucester pour transmettre en personne l'assurance de ce pardon et pour prier avec le meurtrier. En raison d'un règlement de prison, Pritchard n'a pas pu recevoir la visite de M. Allen, mais le fait que cette visite ait eu lieu a semblé une grande consolation au prisonnier. En attendant son exécution, Pritchard montrait souvent beaucoup d'émotion et on craignait qu'il n'y ait une « scène » au dernier moment, mais le moment venu, il était calme. Il n'y avait pas de bravade imprudente, mais une soumission discrète. Il se dirigea droit vers l'échafaud et resta immobile sur la chute. Pendant une seconde, son regard parcourut la cour de la prison, et pendant cette seconde il sembla tout comprendre. Il aperçut sa tombe toute creusée dans un coin et poussa un sanglot, mais ce fut sa seule démonstration de sensibilité entre mes mains.

Walter Bois.

Walter Bois.

Un autre homme qui était apparemment véritablement pénitent était Walter Wood, exécuté à Strangeways, Manchester, le 30 juin 1887, pour le meurtre de sa femme. Lorsque la sentence de mort fut prononcée, il était calme et resta ainsi jusqu'au moment de l'exécution. Il n'a pas faibli même lorsque sa mère et ses deux fils lui ont rendu visite. Il ne négligea aucun moyen de montrer sa contrition et de faire la paix avec Dieu, et la veille de son exécution, il se rendit à la chapelle de la prison, occupant un banc grillagé, où il prêta une attention particulière au service et parut très réconforté par une partie du sermon qui a été présenté pour son bénéfice particulier. Le matin de son dernier jour, il s'est réveillé tôt et a passé du temps avec le bon aumônier de la prison. Au moment où j'entrais dans la cellule, le pauvre garçon répétait lentement les réponses aux prières lues par l'aumônier, et il continua à le faire pendant la prière. L'aumônier était assidu dans ses soins et ne se lassait pas de son bon travail même sur l'échafaud, mais continuait à réconforter et à consoler le condamné avec un sérieux qui indiquait la profondeur de sa sympathie. Au dernier moment, le coupable, calme mais misérable, releva la tête, inspira profondément et dit d'un ton grave, solennel et inébranlable : « Seigneur, aie pitié de moi. Seigneur, reçois-moi. Et c'est ainsi qu'il est mort. Cette exécution m'a profondément affecté. L'homme était pleinement conscient de l'horreur de son crime et s'en repentait sincèrement.

Il assura à l'aumônier qu'il voyait le monde et toutes choses sous un jour totalement nouveau, et que la conscience de son crime avait changé tout son caractère. Quel aurait été le sort d'un tel homme s'il avait pu être libéré.

Alfred Sowrey.

Alfred Sowrey.

L'un des pires cas auxquels j'ai jamais eu à faire face a été celui d'Alfred Sowrey, pendu au château de Lancaster le 1er août 1887, pour avoir abattu la jeune fille avec laquelle il était fiancé, à Preston. Il était impénitent, violent et à moitié mort de peur le jour de son exécution. Au moment de son procès, il jetait un regard si fou que ceux qui se tenaient près du quai craignaient pour leur sécurité personnelle. Entre sa condamnation et son exécution, il tomba gravement malade à cause d'une simple terreur, et on pensait qu'il ne pourrait pas vivre jusqu'au jour fixé pour son exécution. Les efforts de l'aumônier de la prison pour amener Sowrey à un état d'esprit plus calme et plus raisonnable semblaient totalement vains, le prisonnier était trop terrifié pour prêter attention à tout ce qu'on lui disait. Le matin de l'exécution, il prit son petit-déjeuner comme d'habitude, mais rejeta les soins de l'aumônier. De la cellule à l'échafaud, il dut être en partie poussé et en partie porté par deux gardiens, dans les bras desquels il se débattait violemment. Ses gémissements et ses cris pouvaient être entendus dans toute la prison. Ses dents claquaient et son visage était tour à tour livide et d'une blancheur mortelle. Chaque centimètre de terrain sur lequel passait le cortège était violemment contesté par le criminel, qui devait être porté physiquement sur les marches et placé sur la rampe. Lorsqu'il aperçut la poutre au-dessus de lui, un paroxysme de peur plus sauvage sembla s'emparer du misérable jeune, et quatre gardiens furent nécessaires pour le maintenir en position. Même avec cette aide, j'ai eu le plus grand mal à lui immobiliser les jambes, et ce faisant, j'ai reçu un vilain coup de pied qui m'a arraché un morceau d'os du tibia et a laissé une marque visible encore aujourd'hui. Une fois le processus de fixation terminé, il résistait toujours à la mise en place du nœud coulant, jetant violemment la tête d'un côté à l'autre, et il continuait ses luttes jusqu'à ce que la goutte tombe. Pendant toute cette terrible scène, l'aumônier, qui s'était beaucoup intéressé à son ingrat gardien, et qui avait fait tout ce qu'il pouvait pour Sowrey, continuait à lire les belles prières pour les mourants ; mais Sowrey n'y prêta aucune attention.

Dr Cross.

Dr Philip Henry Eustace Cross.

Ma première exécution en 1888 fut celle du Dr Philip Henry Eustace Cross, qui empoisonna lentement sa femme, en lui administrant des doses presque quotidiennement pendant une longue période. Le Dr Cross était un chirurgien militaire à la retraite, de bonne famille. Son expérience médicale lui donnait un grand avantage dans la commission de son crime, et il était évidemment convaincu qu'il n'y avait pas la moindre crainte d'être découvert. Après sa condamnation, il a clamé son innocence jusqu'à ce qu'il reçoive le message selon lequel il n'y aurait pas de sursis mais que la loi devait suivre son cours. Il retomba alors dans un état lugubre et tourna entièrement son attention vers la Bible. Les derniers jours avant son exécution, il fut très prosterné et, lors de sa dernière nuit de vie, il ne se coucha qu'à midi. Son sommeil était agité et agité. Le matin cependant, il était résolu. Il dit à ses serviteurs qu'il ne craignait pas la mort, car il l'avait rencontrée face à face plus d'une fois sur le champ de bataille. Il est mort impassible, sans un mot.

Joseph Walker.

Un visage affligé qui me hante souvent est celui de Joseph Walker, exécuté à Oxford en novembre 1887. Il avait assassiné sa seconde épouse, après une grande provocation. Ses habitudes imprudentes en matière de consommation d'alcool et son caractère jaloux, développés peu après le mariage, avaient rendu la maison absolument misérable. À plusieurs reprises, elle a menacé son mari avec un couteau, et le seul moyen pour lui de se défendre sans la blesser était de lui saisir les poignets et de la maintenir au sol jusqu'à ce que sa fureur s'apaise. Le point culminant a été atteint lorsque l'un des fils de Walker et de sa première femme, qui avait été chassé de la maison par sa belle-mère, s'est suicidé. Le père attribuait cela à la cruauté de la belle-mère. Elle s'est rendue à Croydon, où le suicide a été commis, pour assister à l'enquête, et au lieu de rentrer chez elle, elle est restée à Londres jusqu'à ce que son mari vienne la chercher. Jusqu'alors, il avait été stable, mais après son retour de Londres, il s'est laissé aller à une consommation excessive d'alcool et a négligé son travail. Le jour du meurtre, il y eut une violente querelle entre l'homme et sa femme, et lorsqu'il s'endormit ivre, elle fouilla dans ses poches une somme d'argent considérable. La nuit, Walker a tranché la gorge de sa femme, la tuant d'un seul coup terrible, puis, dégrisé par son acte, a appelé un voisin pour qu'il soit témoin de ce qu'il avait fait et s'est rendu à la police qui avait été amenée à la maison. Le verdict de « Coupabilité » a été rendu par le jury, mais une forte recommandation de grâce a en même temps été remise au juge. À la suite de la grande provocation reçue par Walker, des efforts acharnés furent déployés pour inciter le ministre de l'Intérieur à commuer la peine de mort en une peine de servitude pénale, mais en vain. Le condamné était parfaitement disposé à mourir, et son sincère repentir toucha grandement l'aumônier qui travailla tôt et tard pour le réconforter. Walker passait une grande partie de son temps dans une prière fervente, non pas pour lui-même, mais pour ses enfants. Il priait continuellement pour que son péché ne leur soit pas imputé, car il savait comment notre pays chrétien traite habituellement ceux qui ont à porter le fardeau d'un nom déshonoré. Il a supplié Dieu et l'homme de traiter ses enfants avec bonté et de les conduire sur la voie de la sobriété et de l'honnêteté. Pour sa part, tout en avouant le meurtre, il a nié toute préméditation dans les faits. Au moment de l'exécution, il était parfaitement calme et marchait calmement vers l'échafaud, mais il semblait ne rien voir – ses pensées étaient lointaines – et même après sa mort, son visage avait la même expression de calme triste. Walker était un homme lourd, pesant plus de seize pierres, et a reçu une chute de 2 pieds 10 pouces, la plus courte que j'ai jamais donnée.

dont le meurtre audacieux du gardien Webb et l'évasion de la prison de Strangeways, ainsi que son succès à se cacher de la police, ont suscité un immense intérêt pour son cas, a été exécuté par moi dans la même prison dans laquelle son crime a eu lieu. Bien qu'on le croyait généralement incapable de ressentir, son émotion à la perspective de son propre sort était si touchante que le fonctionnaire qui devait lui dire que le sursis lui était refusé était très réticent à lui annoncer la nouvelle. En l'entendant, il baissa la tête et fondit en larmes, car, aussi étrange que cela puisse paraître, il avait espéré que la condamnation à mort ne serait pas exécutée. Son chagrin continua jusqu'à la fin, et jusqu'à la fin il affirma qu'il avait seulement eu l'intention d'étourdir et non de tuer le gardien. La nuit précédant sa mort, il n'a pas dormi deux heures et, le matin, lorsque je suis entré dans sa cellule, il était en prière fervente. Il me serra la main d'une manière très touchante et se soumit tranquillement à mes remontrances. Il se dirigea avec résignation vers l'échafaud et mourut sans émettre un son.

John Jackson.

Charles Joseph Dobell et William Gower.

On s'attend naturellement à une dure indifférence de la part d'un vieux criminel, mais cela m'attriste de voir cela chez les jeunes, et pourtant deux des plus jeunes hommes – ou plutôt garçons – que j'ai exécutés étaient insensibles au dernier degré. Il s'agissait de Charles Joseph Dobell (17 ans) et de William Gower (18 ans), exécutés à la prison de Maidstone pour le meurtre d'un chronométreur dans une scierie de Tunbridge Wells environ six mois auparavant. Le crime a été commis avec tant de soin que la police n'a pu en obtenir aucune idée, et cela n'a été découvert que par les aveux des jeunes hommes à un officier de l'Armée du Salut. Il y a des raisons de croire que le goût naturel des garçons pour l'aventure avait été morbidement stimulé par la lecture de littérature très sensationnelle – « penny dreadfuls » et autres. Ils semblent s'être comportés avec une sorte de bravade ou de courage qui, s'ils étaient authentiques, auraient fait honneur à un patriote ou à un martyr se sacrifiant pour la patrie ou pour la foi, ou à l'un de leurs héros de l'arrière-pays luttant contre « une horde de sauvages peints ». », mais qui était pénible chez deux garçons, presque des enfants, condamnés à mort pour leur crime. Après avoir été condamnés, ils ont prêté une attention particulière aux paroles de l'aumônier, mais ils n'ont montré aucun signe d'émotion et il a été dit qu'« il est douteux qu'ils aient à un moment donné pleinement conscience de la gravité de leur position ». Ils se dirigèrent vers l'échafaud d'un air de défi, plus droits que d'habitude, et aucun d'eux ne se regardait ni ne parlait à l'autre. Il n'y avait pas d'adieu, pas de mot de repentir ou de regret, seulement une brève supplication adressée à Dieu pour qu'il les reçoive.

Samuel et Joseph Boswell.

C'est une épreuve terrible que de devoir exécuter des hommes qui croient fermement, et apparemment pour des raisons raisonnables, voire erronées, qu'ils subissent une injustice. Le pire exemple dont je me souvienne de ce genre fut celui de Samuel et Joseph Boswell, exécutés dans la prison de Worcester pour le meurtre d'un garde-chasse sur le domaine du duc d'Aumale, à Evesham. Trois hommes, les Boswell et Alfred Hill, furent reconnus coupables du meurtre, et la seule différence que le jury put trouver dans leur culpabilité était que Hill était, au contraire, le pire des trois. Une demande de sursis a été déposée, apparemment au motif que, même si les hommes étaient coupables de braconnage, ils n'avaient pas l'intention de commettre un meurtre. Le ministre de l'Intérieur a répondu à cette demande en réduisant la peine dans le cas de Hill à la servitude pénale à vie. Cette action a assez étonné les habitants d'Evesham, qui pensaient qu'il n'y avait aucune raison possible de faire une différence dans le sort des trois coupables. Le Vicaire télégraphia au Ministre de l'Intérieur que sa décision était « absolument incompréhensible » ; le maire, au nom de l'arrondissement, télégraphia que « l'indignation universelle » était « exprimée par toute la communauté d'Evesham et par les messieurs du comté ». Plusieurs autres messages similaires furent envoyés par d'autres organismes et le Vicaire d'Evesham fut envoyé à Londres pour interviewer le Ministre de l'Intérieur. La nouvelle fut communiquée à Hill mais pas aux Boswell, et comme le sentiment parmi les étrangers était si fort, on peut imaginer que les deux hommes qui durent subir le châtiment furent choqués par un sentiment d'injustice lorsqu'ils se rencontrèrent le matin du 31 décembre. l'exécution et a constaté que Hill avait bénéficié d'un sursis. Lorsqu'ils se rencontrèrent ce matin fatal, les frères s'embrassèrent et, regardant autour d'eux, ils demandèrent simultanément : « Où est Hill ? Lorsqu'on leur répondit, ils parurent complètement brisés par le sentiment de l'injustice de l'arrangement. Ils affirmèrent que Hill était le véritable meurtrier, alors qu'ils n'étaient que complices. Les hommes avaient été très troublés pendant leur emprisonnement par la pensée de ce qui allait arriver à leurs femmes et à leurs enfants, et étaient dans un état terriblement harcelé et nerveux. Je leur ai mis les bonnets blancs sur la tête avant de sortir des cellules, et à quelques pas de la porte de la maison où se trouvait l'échafaud, j'ai mis les bonnets sur leurs yeux. C'est ce que je fais toujours lorsque les hommes ne sont pas tout à fait fermes et déterminés, avant de voir l'échafaud. Dans le cas de Samuel Boswell, ce simple acte l'a fait retomber dans les bras d'un des gardiens, effondré, et il a fallu presque le transporter jusqu'à l'échafaud. Il gémit plusieurs fois, jusqu'à ce qu'il entende la voix de son frère répondre : « Seigneur, aie pitié de nous », puis il se ressaisit et répondit : « Christ, aie pitié de nous. Alors Joseph s'écria piteusement : « Oh, ma pauvre et chère épouse », « Oui », répondit Samuel, « et ma chère épouse et mes pauvres enfants. » Joseph tourna un peu la tête et dit : « Au revoir, Sam », ce à quoi son frère répondit : « Au revoir, que Dieu te bénisse, Joe mon garçon. Oh! chérie, chérie, continua Joseph : J'espère que tout le monde ira bien, et alors qu'il finissait de parler, la goutte tomba et ensemble les frères expièrent leur crime.

Richard Davies.

Une autre affaire dans laquelle « l'un a été pris et l'autre est parti » est l'affaire du meurtre de Crewe, dans laquelle Richard et George Davies ont été reconnus coupables du meurtre de leur père, avec une forte recommandation de grâce en raison de leur jeunesse. Pour autant qu'on puisse en juger, il n'y avait absolument aucune différence dans leur degré de culpabilité ; mais la sentence de George fut commuée en travaux forcés simplement parce qu'il était le plus jeune. Ce fut une grande émotion dans tout le pays, et des milliers de télégrammes et de pétitions furent afflués au ministère de l'Intérieur, demandant que la clémence soit également accordée aux deux, puisque la culpabilité des deux était égale. Mais tout cela en vain. Le condamné a protesté jusqu'à ses derniers instants que, bien qu'il ait participé au meurtre, il n'avait jamais frappé son père ni manipulé la hachette avec laquelle l'acte avait été commis. Il écrivit des lettres très affectueuses à sa mère, à ses frères et sœurs ; qui semblait croire pleinement à la véracité de ses déclarations concernant sa part dans le crime. Dix minutes avant sa mort, il rédigea la même déclaration et la remit à l'aumônier. Il a déclaré qu'il n'avait aucun désir de vivre, mais qu'il espérait et espérait rencontrer ses parents au ciel. Quand je suis entré dans sa cellule, il était pâle mais calme. Après l'avoir pincé, son visage parut encore plus pâle et sa bouche remuait convulsivement alors qu'il s'efforçait de retenir son émotion. Le long du couloir, il marchait d'un pas ferme, la tête penchée, mais lorsque nous atteignîmes la cour où soufflait une brise fraîche et où le ciel bleu était visible, il leva la tête et les yeux pour un dernier regard sur le monde et le ciel. Il mourut fermement, avec une brève prière aux lèvres.

Dans les deux cas décrits en dernier lieu, l'action du ministre de l'Intérieur a été très sévèrement commentée par la presse et le public, et il me semble que de tels événements constituent les arguments les plus puissants possibles en faveur du réaménagement de la loi que je suggère dans le chapitre sur « <u>La peine capitale</u> ». Il est décidément préjudiciable pour le public d'avoir l'idée que la vie ou la mort d'un homme dépend de l'urgence des pétitions en sa faveur et du degré de sympathie exprimée pour lui, plutôt que de la justice de l'affaire. De plus, il me semble qu'en choisissant des cas particuliers et en attaquant la décision du ministère de l'Intérieur, la presse et le public se placent dans une position tout à fait illogique. S'ils s'opposent au système consistant à laisser l'affaire entre les mains du ministre de l'Intérieur, c'est sûrement le système, et non l'homme, qu'il faut attaquer. D'un autre côté, s'ils sont convaincus que le ministre de l'Intérieur est le tribunal approprié, ils devraient sûrement se contenter de sa décision, en se rappelant qu'il a de bien meilleures possibilités de juger du fond de l'affaire et de l'ensemble des preuves que n'importe quel autre. qu'un étranger puisse éventuellement avoir, et que sa responsabilité en la matière le rend plus prudent dans son enquête que n'importe quel étranger ne peut l'être.

L'intérêt mélancolique du sujet m'incite à continuer, mais les détails de la mort des meurtriers sont, dans le meilleur des cas, horribles et sinistres, et je crains que mes lecteurs ne souhaitent en frémissant que j'arrête. Encore deux expériences, et je clôture ce triste record.

Marie Eleanor Wheeler ,

mieux connue sous le nom de Mme Pearcey, était une femme au caractère résolument fort. Son crime est si récent et a suscité un tel intérêt que je n'ai pas besoin d'en revenir sur les circonstances. La nuit précédant son exécution s'est déroulée dans la cellule des condamnés, surveillée par trois gardiennes, qui ont déclaré que son courage était remarquable. Lorsqu'on lui a présenté, je lui ai dit : « Bonjour, Madame » et elle m'a serré la main tendue sans aucune trace d'émotion. Elle était certainement la personne la plus posée de tout le groupe. Sir James Whitehead, le shérif du comté de Londres, lui a demandé si elle souhaitait faire une déclaration, car sa dernière occasion de le faire approchait rapidement, et après un moment de pause, elle a répondu : « Ma sentence est juste, mais une grande partie des preuves contre moi étaient fausses. Alors que le cortège se formait et qu'une des gardiennes se plaçait de chaque côté du prisonnier, elle se tourna vers eux avec le désir attentionné de leur épargner la douleur de la scène de la mort et leur dit : « Vous n'avez pas besoin de m'aider, je je peux marcher tout seul. L'une des femmes a dit que cela ne la dérangeait pas, mais qu'elle était prête et disposée à accompagner Mme Pearcey, qui a répondu : « Oh, eh bien, si cela ne vous dérange pas de venir avec moi, je suis ravie. Elle les a ensuite tous embrassés et a procédé tranquillement à sa mort sans douleur.

Mme Pearcey.

John Conway,

qui a assassiné un garçon de dix ans, à Liverpool, était un cas des plus difficiles à comprendre. Son dossier antérieur n'indiquait aucune tendance querelleuse ou meurtrière, même s'il était connu pour s'enivrer de temps en temps ; et il ne semblait y avoir absolument aucun mobile pouvant être attribué au crime. Sa confession fut faite en privé au prêtre, la veille de son exécution, avec instruction de la lire aussitôt qu'il serait mort, mais elle laissa la question du mobile aussi mystérieuse que jamais. C'était le suivant : « En avouant ma culpabilité, je proteste que mon motif n'était pas l'indignation. Une telle pensée ne m'est jamais venue de toute ma vie. La boisson a été ma ruine, pas le désir. J'ai été poussé au crime sous l'influence de l'alcool, par un accès de manie meurtrière et par une curiosité morbide d'observer le processus de la mort. Un instant après la perpétration du crime, j'en ai ressenti le plus profond chagrin et j'aurais fait tout au monde pour y remédier. Conway était un homme très superstitieux, croyant aux présages, à la sorcellerie et à toutes sortes de pouvoirs surnaturels, et il avait la ferme idée que si un homme bon pouvait être amené à prier pour lui, il serait sauvé de l'exécution. Il était sûr que ses propres prières ne serviraient à rien, et il pensait qu'il n'était pas apte à recevoir le sacrement de son Église ; mais il assista au service au cours duquel la Sainte-Cène était administrée et pria qu'un de ses codétenus, qui participait au rite, prie pour lui. Alors qu'il atteignait l'échafaud, Conway regarda autour de lui d'un air absent et cria qu'il voulait dire quelque chose. Le prêtre est intervenu pour m'inciter à arrêter l'exécution pendant quelques secondes, ce que j'ai fait, mais le condamné s'est contenté de remercier les gardiens de la prison et son père confesseur pour leur gentillesse. Et c'est ainsi qu'il est mort.

John Conway.

Le lecteur pense-t-il que j'ai trop étalé ce chapitre ? Pense-t-il que j'ai inutilement tourmenté ses sentiments ? Si tel est le cas, laissez-moi l'assurer que je n'aurais pas donné ce chapitre, je n'aurais pas écrit ce livre si je n'avais pas eu en vue ce que je crois être de bons objectifs. J'ai essayé d'éviter le sensationnalisme, mais je veux faire *réfléchir chaque lecteur* . Je veux lui faire croire que les meurtriers sont, après tout, des hommes et des femmes, dotés de sympathies et de passions humaines. Je veux lui faire croire qu'il y a des degrés de meurtre, que la justice, et non la clémence spasmodique, devrait être le but de nos lois, et quelques autres pensées qui viendront à l'esprit du lecteur sans aucune suggestion de ma part.

Château de Lancastre.

CHAPITRE IX.
Du point de vue du meurtrier.

B. A chanté, et nous aimons répéter son chant :

Oh! donne-nous du pouvoir, le cadeau nous donne,

Nous voir comme les autres nous voient ;

mais je n'ai jamais entendu personne exprimer l'aspiration opposée, celle du don de voir les autres comme ils se voient eux-mêmes. Et pourtant, je ne suis pas sûr que ce cadeau ne soit pas aussi désirable que l'autre. Quoi qu'il en soit, si nous voulons légiférer sagement et bien pour une catégorie de personnes, il est absolument nécessaire que nous soyons capables de voir les choses de leur propre point de vue. C'est avec beaucoup d'hésitation que je commence ce chapitre, car je sais que ma capacité d'analyse de la pensée et du caractère n'est pas assez grande pour me permettre d'aborder le sujet dans ses grandes lignes. Mais si je peux inciter quelques personnes à considérer la question du meurtre et de sa punition du point de vue du meurtrier, ce chapitre fera du bien.

Dans l'ensemble, je pense que notre attitude envers les meurtriers est trop basée sur le sentiment et pas assez sur la raison. Beaucoup de gens ont pitié de tous les meurtriers, qu'ils le méritent ou non ; beaucoup d'autres les condamnent corps, âme et esprit, sans considérer dans quelle mesure ils sont le résultat des circonstances. Si je peux amener mes lecteurs à considérer qu'un meurtrier a autant le droit de juger l'État que l'État a de le juger, je pense que ce livre aura atteint un bon objectif.

Je ne souhaite pas élaborer d'argumentation, mais je me contenterai de donner quelques-unes des idées exprimées par les assassins, dans l'espoir qu'elles puissent donner lieu à des réflexions fructueuses. Je voudrais cependant souligner que beaucoup de ceux qui sont morts sur l'échafaud ont vécu dans des circonstances si déplorables, assaillis par toutes sortes de tentations, entourés d'une atmosphère de vice gai et creux, bercés dans la misère et éduqués dans la misère et péché, avec peu de bons et de beaux entrant dans leur vie pour les élever, mais avec la facilité maudite d'obtenir de la boisson pour les attirer - dans des circonstances si déplorables, dis-je, que même un ange pourrait difficilement se préserver des souillures de telles choses. un monde. Quand des hommes commettent un crime horrible, il est de notre devoir d'en exiger la peine ; mais cela ne nous fera aucun mal de nous demander si nous sommes en quelque sorte responsables des conditions qui ont pu les pousser au crime ; et si nous ne pouvons pas faire encore plus que ce que nous faisons pour prévenir la criminalité en améliorant les conditions.

Outre les conditions de vie, l'état mental des misérables coupables mérite notre attention, et je pense que l'on peut se demander s'il n'aurait pas été préférable pour certains des meurtriers, ainsi que pour la société, de les placer soumis à une contrainte à vie des années avant que leur carrière n'atteigne le stade du meurtre.

Il y a bien d'autres questions qui viendront naturellement à l'esprit du lecteur réfléchi et que je n'ai pas besoin d'indiquer.

Arthur Shaw.

Parmi mes exécutions précédentes, il y avait celle d'Arthur Shaw à Liverpool. Shaw était un tailleur de trente et un ans qui vivait à Manchester. Il était marié, mais sa vie conjugale n'était pas heureuse, car sa femme semblait avoir beaucoup bu et lui-même n'était pas stable. Le 3 novembre 1884, ils se disputèrent et se battèrent quelque temps, et peu après la femme fut retrouvée morte, tuée, selon les médecins, par strangulation. Shaw n'a pas nié le meurtre, mais a plaidé qu'il n'était pas intentionnel et qu'il avait été grandement provoqué par la dissipation prolongée de sa femme. Le jury lui a fortement recommandé la miséricorde. Immédiatement avant de connaître son sort, lors d'une dernière conversation avec l'aumônier, l'homme a reconnu sa culpabilité mais a insisté avec ferveur sur le fait qu'il n'avait jamais eu l'intention de causer la mort de sa femme. Il a déclaré qu'il n'était pas ivre au moment du meurtre, mais qu'il avait été poussé à boire par l'ivresse de sa femme et la négligence de sa maison, qui était toujours misérable ; et que son ivresse et sa négligence l'exaspéraient jusqu'à le rendre complètement sauvage. Il a conclu en disant: "Lorsque nous nous sommes battus, je ne savais pas que j'étais en train de tuer la pauvre femme."

Thomas Parry,

pendu à Galway le 20 janvier 1885 pour le meurtre de Miss Burns, écrivit une longue déclaration qu'il remit au gouverneur pour qu'il la lise après sa mort. L'essentiel en était donné dans le paragraphe suivant : « Je tiens à assurer le public, ma famille et mes amis que j'étais aliéné pendant une semaine avant le meurtre et pendant un certain temps après. Je suis heureux de souffrir pour le crime que j'ai commis et confiant que j'entrerai dans une éternité de bonheur. Je meurs en paix avec tous les hommes et j'espère que quiconque que j'ai blessé me pardonnera.

Georges Horton,

de Swanwick, empoisonna sa petite fille ; dans le but, suppose-t-on, d'obtenir la somme de 7 £ pour laquelle sa vie était assurée ; et fut exécuté à Derby le 1er février 1886. Il est difficile, voire impossible, pour une personne ordinaire de comprendre l'état d'esprit d'un tel homme. On pourrait le croire absolument insensible, mais il a pleuré sur le corps de son enfant lorsqu'il a découvert qu'elle était morte et a écrit des lettres très affectueuses à ses autres enfants lorsqu'il était en prison. Une partie de sa dernière lettre à sa fille aînée était la suivante :

Vous devez être sûr de prier Dieu de vous guider tout au long de votre vie et vous devez prier pour vos frères et sœurs. Je prie Dieu de vous garder tout au long de votre vie. Alors ma chère Fille, tu dois penser à ce que je t'ai dit. vous devez toujours dire la vérité et lorsque vous êtes tenté de faire le mal, vous devez prier Dieu pour son aide et il vous entendra. Rappelez-vous toujours que mes chers enfants, et vous devez dire la même chose aux autres, vous qui êtes vos frères et sœurs, Dieu a promis d'être un père pour vous de toutes les manières, rappelez-vous qu'il voit tout ce que vous faites et tout ce que vous pensez, alors si vous faites sa volonté pendant qu'ici sur terre il vous recevra sur son trône dans la gloire où tout est paix et repos. Ainsi, mes chers enfants, vous pourrez manger tous vos frères et sœurs et votre pauvre chère Mère au ciel, et avec l'aide de Dieu, je vous y mangerai pour.... que Dieu vous aide tous, vous bénisse et vous garde. toute votre vie. Il le fera si vous le priez et lui demandez. Non, vous devez penser à Dieu dans la prière pour vous, non, vous n'aurez personne d'autre pour vous aider maintenant. donc pas plus de votre père bien-aimé, GEORGE HORTON . Que Dieu vous bénisse tous. Bisous à vous tous.

Edouard Pritchard.

Édouard Pritchard

était un exemple de la façon dont « les mauvaises communications corrompent les bonnes manières » et un exemple frappant de la malheureuse inutilité de notre système de réforme. À l'âge de douze ans, il fut reconnu coupable de « complicité de voleurs » et condamné à deux ans de prison. Pendant trois ans après avoir quitté la maison de correction, il réussit à éviter la prison, mais à dix-sept ans, il fut condamné à quatre mois de prison pour cambriolage, après quoi il fut fréquemment emprisonné. Environ un an avant le meurtre, il semblait s'être réformé, fréquentant l'école du dimanche et la chapelle et prenant une part active aux œuvres religieuses jusqu'au moment où il commet le meurtre. Il a assassiné un petit garçon de quatorze ans qui avait l'habitude d'aller régulièrement chercher de l'argent à la banque pour payer les salaires d'une grande usine, et lui a volé l'argent du salaire, s'élevant à plus de 200 £. Les preuves de cet acte étaient absolument concluantes et accablantes, et Pritchard n'avait aucun espoir de sursis. Un jour ou deux après sa condamnation, il écrivit une lettre à l'un de ses professeurs de l'école du dimanche, dans laquelle il affirmait avoir vu l'erreur de ses manières, exhortait tous ses compagnons à éviter la mauvaise compagnie, la boisson et le tabac, parlait du plaisir avec lequel il se rappelait quelques hymnes de l'école du dimanche et espérait avoir bientôt le plaisir de les chanter « là-haut ». Tout au long de sa vie, il semble y avoir eu une lutte entre le bien et le mal, avec un rapport de force malheureux du côté du mal. Il est difficile de croire qu'il aurait consacré son temps libre pendant un an au travail religieux s'il n'avait pas ressenti de fortes aspirations vers une vie supérieure. Après sa condamnation, il n'a que peu parlé de lui-même et n'a fait aucune déclaration ou confession formelle, mais une lettre qu'il a écrite au père du garçon assassiné jettera un peu de lumière sur son état mental. Dans cette lettre, Pritchard affirme clairement qu'il a été amené à commettre le crime à l'instigation d'un compagnon, et bien que les déclarations d'un meurtrier reconnu coupable doivent toujours être reçues avec prudence, il est possible qu'il y ait un certain fondement à cette affirmation. Si le crime a été réellement suggéré et le criminel encouragé par l'influence d'un autre esprit, probablement plus fort, nous pouvons nous demander quelle part du blâme moral revient à l'instigateur et quelle part à l'outil faible. La lettre était la suivante :

Prison de Sa Majesté,
lundi 14 février.

Monsieur,

Je vous écris ces lignes pour vous exprimer ma profonde tristesse pour le crime effroyable que j'ai commis contre vous et contre votre maître. Je vous écris pour vous demander si vous et votre femme me pardonnerez d'avoir tué votre garçon, et s'il vous plaît, demandez au maître s'il me pardonnera de lui avoir pris son argent. Cela ne serait pas arrivé si je n'avais pas été incité à le faire, et ce n'était que par ——— ———, qui était témoin contre moi. Il m'a persuadé de le faire et m'a dit qu'il le ferait peut-être lui-même si je ne le faisais pas ; alors j'ai fait la malheureuse affaire. Je suis vraiment désolé d'avoir jamais rencontré ———, mais on ne peut pas le rappeler maintenant. J'ai imploré Dieu pour sa miséricorde ; Je dois encore pleurer et j'espère trouver un meilleur foyer. Je lui ai demandé de me pardonner, d'effacer tous mes péchés et de me laver dans le sang précieux de mon Sauveur ; et je pense et je sens qu'Il le fera. Je vais recevoir la Sainte Communion mercredi, et j'aimerais avoir de vos nouvelles d'ici mercredi, avant d'aller participer à cette sainte fête. Si vous me pardonnez, je serai plus en paix.

Je suis vraiment très, vraiment désolé pour ce que j'ai fait. Rien ne peut me sauver de ma perte, qui aura lieu jeudi, mais je peux demander à Dieu d'avoir pitié de ma pauvre âme.

Je n'ai rien d'autre à dire pour le moment, seulement que j'étais un grand ami du pauvre Harry et que j'en suis devenu presque fou les premières nuits et que je n'arrivais pas à dormir ; mais maintenant je trouve du réconfort en Jésus. Au revoir Monsieur. Merci de m'envoyer une réponse par retour du courrier, et j'espère que nous nous reverrons au Ciel.

D' EDWARD PRITCHARD .

Prison du comté de Gloucester,
Gloucestershire.

Quelques détails sur les derniers instants de Pritchard sont donnés dans « How Murderers Die », <u>p. 78</u> .

Alfred Scandrett.

Alfred Scandrett ,

un autre jeune homme – âgé d'à peine vingt et un ans – est un autre exemple du résultat de mauvaises influences. Son père a déserté la maison quand Alfred avait environ dix ans. Sa mère était une femme travailleuse qui parvenait à subvenir aux besoins de sa famille en mutilant et en vendant des journaux dans les rues, travail dans lequel elle était aidée par Alfred et plusieurs autres enfants. Le garçon aimait traîner au coin des rues et dans les débits de boissons, et sa mère trouvait impossible de le garder à la maison comme les autres enfants. Il prenait continuellement des résolutions, mais à plusieurs reprises il était entraîné par ses compagnons et, à l'âge de douze ans, il fut reconnu coupable d'avoir volé des cigares dans un magasin, mais libéré avec un avertissement. Un mois plus tard, il a été accusé d'une autre infraction et condamné à 21 jours de prison. D'autres emprisonnements suivirent, puis cinq ans dans une maison de correction, mais la punition ne fut pas un remède. Son amour pour sa mère était son seul trait rédempteur, et si elle n'avait pas été contrainte par une misère extrême à travailler presque jour et nuit à ses mutilations et à son colportage de papier, elle aurait peut-être réussi à le sauver de lui-même. Il essaya de rompre avec ses mauvaises fréquentations et, à un moment donné, supplia sa mère de trouver de l'argent pour l'emmener au Canada, mais elle fut totalement incapable de rassembler suffisamment d'argent pour payer le voyage. Un jeune homme appelé Jones, qui fut pendu avec Scandrett, fut son compagnon dans son dernier crime : un cambriolage qui se termina par un meurtre. Bien qu'attaché à sa mère, qui disait avoir toujours été « un bon garçon », Scandrett ne supportait pas l'idée de vivre à la maison alors qu'il se livrait à des activités criminelles, de sorte que presque toutes les huit dernières années de sa vie était passé, une fois sorti de prison, dans des pensions communes. Après sa condamnation pour meurtre et sa condamnation à mort, sa plus grande inquiétude était pour sa mère. Et il pourrait bien être inquiet, car la pauvre femme a beaucoup souffert de son péché. Dès qu'on sut qu'elle était « la mère d'un meurtrier », ses clients — à leur honte éternelle, disons — lui retirèrent leur clientèle à tel point que ses revenus dévastateurs tombèrent de 12 shillings. ou 14s. à 2s. une semaine, et son activité de presse est tombée à néant. Elle a même été « traquée » et insultée dans la rue lorsqu'elle se rendait dans son coin habituel pour vendre les journaux. Pour se rendre de son domicile de Birmingham à la prison de Hereford pour un dernier entretien avec son fils, elle fut obligée de mettre sa robe en gage, et même cela ne récolta que suffisamment d'argent pour payer le billet aller simple, de sorte qu'elle dut faire confiance au hasard pour obtenir le prix. moyens de revenir. Certains agents de la prison, plus humains que ses « amis » à la maison, ont souscrit suffisamment d'argent pour payer le billet de retour. La dernière rencontre a été très émouvante. Scandrett a réconforté sa mère en lui assurant qu'ils se retrouveraient au paradis et lui a dit : « Priez quotidiennement et toutes les heures, mère, comme je l'ai fait, et ensuite nous nous reverrons au paradis. »

Arthur Delaney.

Le nombre d'hommes qui sont poussés au crime par l'alcool est quelque chose de terrible, et je pense qu'aucun travailleur de la tempérance ne pourrait lire les véritables histoires des meurtriers tombés entre mes mains sans redoubler d'efforts pour sauver les hommes de la malédiction de l'alcool. Un bon exemple est celui d'Arthur Delaney, exécuté à Chesterfield le 10 août 1888. On peut dire qu'il était naturellement un homme mauvais et violent, mais il ne serait sûrement jamais devenu un meurtrier s'il ne s'était pas constamment aggravé. en buvant beaucoup. Sa victime était sa femme, avec laquelle il était marié depuis quatre ans et dont on parlait comme d'une femme respectable et travailleuse. Peu de temps après le mariage, en état d'ébriété, il l'a violemment agressée, ce pour quoi les magistrats lui ont infligé une amende et ont accordé une ordonnance de séparation. Cependant, sa femme lui a pardonné et, malgré son mauvais comportement, a continué à vivre avec lui. Quelques jours avant le meurtre, il s'est montré d'une violence inhabituelle et a traité sa femme avec une telle brutalité qu'elle a été obligée de faire appel à nouveau aux magistrats, qui lui ont de nouveau infligé une amende. Cela a soulevé la colère de Delaney à un tel point que la prochaine fois qu'il s'est saoulé, il a battu sa femme si violemment qu'elle a dû être transportée à l'hôpital, où elle est décédée. Comme beaucoup d'autres coupables, Delaney a vu la cause du méfait une fois qu'il a été commis ; et une lettre écrite après sa sentence a un ton de simple sérieux qui mérite d'être conservée. Il fut écrit à des Bons Templiers qui avaient tenté de le réformer.

Prison HM, Derby,
8 août 1888 .

Mes chers amis,

Je vous écris adieu sur cette terre, mais j'espère, avec la grande miséricorde des dieux, vous rencontrer tous là-bas, où il n'y aura plus de chagrin ni de tentation. Je vous remercie sincèrement pour votre gentillesse envers moi et j'espère que ma chute sera le moyen, avec l'aide de Dieu, de relever les autres de la tombe d'un ivrogne. Si j'avais suivi vos conseils, ma pauvre femme serait en vie maintenant, et nous aurions été heureux, car elle était pour moi une épouse fidèle et bonne. Dieu sait que je n'aurais pas commis un crime aussi épouvantable si j'avais tenu ma promesse, mais j'espère que ce sera un avertissement pour ceux qui jouent avec le diable dans la solution. Dites-vous —— de donner son cœur à Dieu, et il sera à l'abri de sa grande malédiction, la boisson. Dites adieu à lui et à sa femme pour moi et dites-lui de mettre tous ses pouvoirs au service de la noble œuvre de la tempérance, car c'est l'œuvre de Dieu. Oh! implorez ceux qui jouent avec la boisson de s'en abstenir, car c'est une malédiction nationale. Maintenant, adieu à vous tous, et que Dieu fasse prospérer votre noble œuvre.

De ton malheureux ami,

Arthur T.Delaney

Il serait très difficile de dire quelle proportion des meurtres est directement imputable à la boisson, mais à maintes reprises, nous constatons que des meurtriers qui écrivent à leurs amis déclarent que la boisson, et la boisson seule, a causé leur ruine.

Elisabeth Berry.

Bien que je m'efforce dans ce chapitre de donner quelques idées sur les mobiles du meurtre tels que les voient les meurtriers eux-mêmes, je ne cautionne en aucun cas leurs crimes. Mon objectif principal est d'inciter les gens à s'intéresser davantage aux causes prédisposantes à la criminalité. Je veux qu'ils se demandent si, dans de nombreux cas, mieux vaut prévenir que guérir, et s'il n'est pas possible d'en faire davantage pour éliminer les causes. Il ne fait aucun doute que la boisson est responsable de la plupart de ces crimes. Après la boisson viennent le désir et la jalousie, même si celles-ci atteignent presque invariablement le point culminant du meurtre par la boisson. L'autre motif principal est l'amour de l'argent, qui a conduit à bon nombre des actes les plus cruels et les plus inhumains qu'il m'a été donné de venger. J'ai cité un ou deux exemples de parents qui ont assassiné leurs propres enfants pour gagner quelques euros d'assurance, et de tels exemples pourraient être multipliés. En fait, le motif est devenu si évident il y a un an ou deux que le gouvernement a été obligé d'adopter une loi réglementant l'assurance de la vie des nourrissons. Si un tel acte, ou même un acte de plus grande envergure, avait existé plus tôt, Elizabeth Berry aurait peut-être été en vie aujourd'hui au lieu de reposer dans la tombe d'un criminel. Mme Berry a empoisonné sa fille, âgée de 11 ans. Au moment du meurtre, la vie de l'enfant était assurée pour 10 £, pour laquelle Mme Berry payait une prime de 1 d. par semaine. La meurtrière avait également proposé une mutuelle d'assurance sur sa propre vie et sur celle de l'enfant, par laquelle 100 £ seraient versées, au décès de l'un ou l'autre, au survivant. Elle avait l'impression que la politique était terminée, mais en réalité ce n'était pas le cas. Il semble presque impossible qu'une femme assassine un enfant dans le seul but de gagner ne serait-ce que la somme totale de 110 £ ; et nous pourrions être fondés à croire qu'il doit y avoir un autre motif si ce n'était du fait que l'infanticide a été commis à maintes reprises pour des sommes bien moindres. Du point de vue des meurtriers d'enfants, il semblerait que quelques livres d'argent semblent une incitation suffisante à se souiller les mains avec le sang d'un semblable. Il est donc bon, dans l'intérêt de la vie d'enfant, que la tentation soit supprimée.

Mme Berry.

CHAPITRE X.
De la peine capitale.

O UNE des questions qui me sont le plus souvent posées est de savoir si je considère que la peine capitale est une chose juste et appropriée. À cela, je peux vraiment répondre que oui. Pour ma part, j'attache beaucoup de poids à l'injonction de l'Écriture : « Quiconque verse le sang de l'homme, c'est par l'homme que son sang sera versé », et je pense que l'abolition de la peine capitale serait un défi au commandement divin. Je n'abolirais donc pas complètement la peine capitale, mais, comme je l'expliquerai plus tard, je modifierais considérablement les conditions dans lesquelles elle est imposée.

Peut-être que beaucoup de mes lecteurs diront que le commandement biblique ne devrait avoir aucun poids, et d'autres diront qu'il s'agissait d'un commandement donné sous la « dispensation de la Loi », alors que nous vivons sous la « dispensation de la Grâce ». C'est pourquoi je dirais que, indépendamment de toute considération de nature religieuse, la peine capitale est absolument nécessaire pour contrôler les plus grands criminels.

Dans l'exercice de mes fonctions de policier, tant à Nottingham, à Bradford et dans la police de West Riding, j'ai eu de nombreuses occasions d'étudier les modes de vie et de penser les classes criminelles, et j'ai payé un beaucoup d'attention au sujet. Grâce à mon expérience, je peux affirmer avec certitude que la peine capitale et « le chat » sont les seules peines légales qui suscitent de réelles terreurs chez le criminel endurci, chez l'homme que l'on pourrait appeler un « professionnel » par opposition à un criminel endurci. voyou « amateur ». Un tel homme fait ce qu'il peut pour éviter la prison, parce qu'il n'aime pas la retenue, la routine et la sobriété, mais cette aversion n'est pas assez forte pour le dissuader de tout crime qui offre ne serait-ce qu'une chance de s'échapper indemne ; et je ne pense pas que la crainte de l'emprisonnement lui vienne jamais à l'esprit une fois qu'il s'est mis une fois effectivement en chantier. La servitude pénale, même à vie, n'a pas d'influence très aiguë et terrifiante, en partie parce qu'aucun criminel ne croit jamais que ce sera une réalité dans son cas, tout comme il est sûr d'obtenir une commutation de peine ; et en partie parce que, même s'il était sûr que l'emprisonnement était en réalité à vie, il sait que la vie en prison n'est pas un destin si terrible, après tout, quand on s'y habitue. Mais lorsqu'il s'agit d'une condamnation à mort, c'est une tout autre affaire. La mort est un horrible mystère, et une mort sur l'échafaud, une mort de sang froid, prédéterminée et ignominieuse, est particulièrement horrible pour l'esprit criminel. En règle générale, les criminels les plus désespérés sont ceux qui sont le plus terrifiés à l'idée de mourir aux mains du bourreau, peut-être parce que les hommes les plus désespérés sont issus de la classe la plus superstitieuse de la communauté et en ont le plus peur. » quelque chose » après la mort qu'ils ne peuvent pas définir.

Les classes criminelles ne négligent pas leurs journaux, mais se tiennent assez au courant, soit par la lecture, soit par la conversation, sur les sujets qui les intéressent le plus directement, et suivent tous les détails des procès criminels les plus importants. De cette façon, ils gardent toujours plus ou moins à l'esprit la pensée de la nature de la peine capitale, et je crois qu'on constatera que le nombre des crimes capitaux dans une période donnée est inversement proportionnel au nombre des peines capitales dans la période immédiate. période précédente. Chaque fois qu'il y a une série d'exécutions, sans sursis, le nombre de meurtres diminue, et d'autre part, après une période pendant laquelle plusieurs personnes ont été jugées pour meurtre et acquittées, ou ont bénéficié d'un sursis après condamnation, le nombre de crimes semble augmenter. . Je ne pense pas que cette règle puisse être démontrée de manière forte et convaincante par une référence au simple nombre de meurtres, de condamnations, de sursis et d'exécutions au cours des dernières années, car de nombreuses considérations pèsent sur l'importance d'une exécution ou d'un sursis. ; mais je pense que quiconque a prêté attention à ce sujet me confirmera dans mon affirmation.

Il ne fait aucun doute que la peur de la mort a un grand pouvoir dissuasif parmi les hommes abandonnés, et cette peur est plus puissante lorsque la mort semble la plus certaine et l'espoir d'un sursis le plus éloigné. Cette considération m'amène à penser que la valeur dissuasive de la peine de mort serait considérablement accrue si elle pouvait être rendue absolument irrévocable. Considérant la peine capitale comme un pouvoir moral permettant d'effrayer les criminels encore en liberté, je pense qu'il serait bien mieux que, dans tous les cas où il y a la moindre chance possible de sursis, la peine soit suspendue pour un temps.

Je préconise que la condamnation à mort, une fois prononcée, soit une sentence que le condamné, ainsi que ses amis et sympathisants qui sont encore en liberté, devraient considérer comme tout à fait irrévocable. En même temps, je ne préconise pas une augmentation du nombre d'exécutions, bien au contraire. Comme meilleur moyen d'y parvenir, je pense que nous devrions apporter des modifications considérables à notre droit pénal en ce qui concerne les affaires de meurtre. Je pense que le jury devrait avoir plus de pouvoir sur la sentence, et à cet effet je pense qu'il devrait avoir le choix entre cinq classes de verdict, à savoir :

1.   Non coupable.

2.   Pas prouvé.

3.   Meurtre au troisième degré.

4.	Meurtre au deuxième degré.

5.	Meurtre au premier degré.

Dans le cas d'un verdict de « non-culpabilité », le prisonnier serait, bien sûr, acquitté et serait un homme libre comme il l'est actuellement avec un tel verdict.

Dans le cas d'un verdict « non prouvé », le juge devrait avoir le pouvoir de placer le prisonnier en détention provisoire, en attendant une enquête plus approfondie sur tout indice qui pourrait sembler susceptible d'éclairer l'affaire ; ou de le libérer, avec ou sans caution ou surveillance policière.

Un verdict de « meurtre au troisième degré » serait prononcé dans les cas où il existait des preuves incontestables du crime commis par le prisonnier, mais dans lesquels les circonstances étaient telles qu'il était extrêmement improbable que le prisonnier commette un jour à nouveau. un crime violent. Cela couvrirait le cas de personnes qui tirent sur leurs amis et prétendent ensuite qu'ils « ne pensaient pas que c'était chargé », et ce serait un bien meilleur verdict que la « mort accidentelle » qui est généralement évoquée à l'heure actuelle. Lorsque le jury conclut à un verdict de meurtre au troisième degré, il appartient au juge d'imposer une peine d'emprisonnement, longue ou courte, selon les circonstances.

Le « meurtre au deuxième degré » engloberait les cas dans lesquels le meurtre était pleinement prouvé mais dans lesquels il n'y avait ni préméditation ni intention de meurtre. Sous ce titre viendraient un certain nombre de morts résultant de disputes, de bagarres et d'assauts sans intention de tuer. Le juge aurait le pouvoir de prononcer une condamnation à mort ou aux travaux forcés à perpétuité.

«Meurtre au premier degré», dans lequel l'intention et le résultat étaient à la fois un meurtre, serait un verdict ne laissant au juge d'autre choix que d'imposer la peine de mort.

Une autre question qui mérite d'être examinée à cet égard est celle des recours. À l'heure actuelle, des appels sont adressés au ministre de l'Intérieur. Il est en réalité assisté par un certain nombre d'autres messieurs, qui examinent de la manière la plus approfondie les preuves originales et toutes les preuves supplémentaires qui auraient pu se présenter, mais il s'agit d'un tribunal qui n'est pas légalement nommé, et l'opinion publique est qu'en cas d'appel, le l'annulation de la sentence est entre les mains d'un seul homme. Je ne pense pas que même les misérables les plus abandonnés imputeraient une quelconque injustice au ministre de l'Intérieur anglais, mais je sais que dans de nombreux milieux, il existe une idée selon laquelle le ministre de l'Intérieur est « un gentleman très gentil », qui « les laissera tranquilles ». » s'il le peut, et une telle idée semble très espiègle. Une cour d'appel paraîtrait moins personnelle et serait bien moins susceptible d'être soupçonnée de clémence si elle était composée de trois juges, dont l'un devrait être celui qui avait initialement jugé l'affaire. J'autoriserais un tel collège de juges à faire appel et je leur donnerais le pouvoir de rouvrir les dossiers, de les renvoyer aux jurys ou de modifier les peines, mais pas d'annuler le verdict d'un jury. Cela signifierait que dans le cas d'un verdict de « meurtre au premier degré », la seule façon d'empêcher l'exécution serait de renvoyer l'affaire devant le jury, et cela ne devrait se faire que sur production de de nouvelles preuves pointant vers une erreur judiciaire. Dans le cas extrême où des preuves apparaissent au dernier moment, le ministre de l'Intérieur devrait avoir le pouvoir d'accorder un sursis à exécution pour une durée suffisamment longue pour permettre aux juges de rouvrir l'affaire.

La rédaction et la présentation de pétitions par des personnes qui n'ont aucun lien avec l'affaire seraient dans une large mesure supprimées dans un système tel que celui que j'ai décrit, mais afin de prévoir les cas où le système n'aurait peut-être pas À cet effet, je considérerais comme une infraction punissable le fait de tenter d'influencer la décision des juges ou des jurés, en faisant appel à toute considération autre que la preuve. Je donne ce conseil parce que dans de nombreux cas, voire dans la plupart des cas, les appels contenus dans les pétitions sont fondés sur des considérations autres que la justice de l'affaire. Si le condamné est un personnage intéressant, ou s'il existe une excuse quelconque sur laquelle fonder un appel, il y a toujours un grand nombre de personnes qui n'ont aucune connaissance particulière de l'affaire et qui, peut-être, n'ont même pas lisez les articles des journaux, qui sont prêts à monter des pétitions, à recueillir des signatures et à susciter beaucoup de sympathie pour celui qui ne mérite trop souvent que l'exécration et le mépris. De telles agitations conduisent à de nombreuses déformations des faits et souvent à des condamnations radicales du juge et du jury. Ils ont tendance à insuffler, dans l'esprit des jeunes en particulier, une idée erronée selon laquelle l'administration de la loi est incertaine et inefficace, même si elle n'est pas injuste et corrompue.

Le simple fait de savoir à quel point l'examen des crimes répugnants et leur punition est porté à la connaissance des enfants par ce système de pétitions est, à mon avis, un argument suffisant pour sa suppression complète. Je pourrais citer par exemple un cas où les maîtres de deux écoles publiques conduisirent tous les enfants dont ils avaient la charge à travers une antichambre où se trouvait une pétition et les firent signer à tour de rôle. Ce genre de chose se produit chaque fois qu'une pétition demandant l'annulation ou la commutation d'une condamnation à mort est en cours de signature, et une telle chose ne devrait sûrement pas être possible.

Dans de nombreux cas, les personnes qui rédigent ces pétitions sont des personnes qui s'opposent par principe à toute peine capitale, mais malheureusement, ce principe est complètement perdu de vue lorsqu'il s'agit de cas individuels. Le fait que de grandes pétitions soient présentées dans un cas, alors qu'aucun effort n'est fait dans un autre cas présentant des caractéristiques similaires, conduit naturellement les gens sans instruction à penser qu'il y a de l'incertitude et de l'injustice dans toute cette affaire.

Il y a encore un autre point sur lequel je pense que notre législation en matière de meurtre et de peine de mort devrait être modifiée, c'est en ce qui concerne le délai qui s'écoule entre la condamnation et l'exécution. Dans l'intérêt de toutes les parties concernées, je réduirais le délai de trois semaines franches, comme c'est le cas actuellement, à une semaine seulement. Sans aucun doute, de nombreux lecteurs dénonceront cela comme une cruauté inutile envers les condamnés, mais je dis que je le ferais dans l'intérêt de *tous* après une mûre réflexion et une connaissance exceptionnellement complète des idées des condamnés sur le sujet. Ce n'est pas une période plus courte qui serait une cruauté ; c'est dans la longue période actuelle qu'intervient la véritable cruauté.

Autant que je sache, les trois semaines de « grâce » accordées au condamné sont destinées à être un temps de repentir et de s'occuper des affaires de l'âme. Par conséquent, la question de l'octroi d'un délai long ou court est dans une large mesure une question religieuse et dangereuse à aborder pour moi, c'est pourquoi je limiterai mes remarques autant que possible à des questions de fait et à de simples considérations de bon sens. Si le seul but du délai accordé entre la condamnation et l'exécution est de permettre une conversion et une préparation au ciel, il est juste de demander à quiconque souhaite continuer le système actuel s'il sert son objectif. Dans le cas contraire, il ne semble y avoir aucun argument valable en faveur de son maintien. Personnellement, je suis convaincu par une longue expérience que l'espoir d'une régénération pendant trois semaines dans le cas des meurtriers est absolument vain. Il existe de nombreux cas dans lesquels le criminel devient « pénitent », comme on l'appelle parfois, et ces pénitents peuvent être divisés en deux classes. Premièrement, il y a la classe de ceux qui ont commis un meurtre sans intention ni préméditation. Dans un accès de frénésie ou dans des circonstances particulières, ils ont tué un être humain. Il peut s'agir d'une mère à moitié affamée qui a tué le bébé qu'elle ne pouvait pas nourrir, ou d'un homme qui, dans un tourbillon de colère, a tué l'épouse infidèle et misérable dont la conduite a fait de sa vie un enfer sur terre pendant des années. Il peut s'agir de bien d'autres cas similaires qui, selon le schéma des cinq verdicts possibles, exposés ci-dessus, seraient qualifiés de meurtre au deuxième ou au troisième degré. En vertu d'une telle loi, la peine extrême ne serait pas imposée ; mais tant que nous sommes sous notre loi actuelle, et en supposant que ces personnes sont condamnées, sans chance de sursis, nous pouvons à bon droit nous demander si la grâce de trois semaines est un avantage pour elles. De tels criminels sont véritablement repentants, ou plutôt pleins de remords. En règle générale, l'énormité du crime éclate sur eux dès le premier moment de calme qui suit sa commission. Ils reculent avec horreur devant l'acte qu'ils ont commis et seraient prêts à tout sacrifier, même la vie elle-même, pour annuler à nouveau cet acte. Il existe une véritable repentance, qui, je le considère, est la clé du pardon, avant même leur appréhension et leur condamnation. Tout ce qui peut être fait sur terre par ou pour de si pauvres âmes peut être fait en une semaine, et ils n'en demanderaient pas plus. Leur repentir est sincère, leur horreur de leur crime est plus grande que leur crainte de la mort, qu'ils accueillent comme un moyen d'expiation. Est-il utile de maintenir de telles personnes dans l'agonie pendant trois semaines ?

La deuxième classe de « pénitents » est constituée d'une horrible partie de l'humanité : les lâches desperados. Il s'agit généralement d'hommes dont les crimes ont fait preuve d'un raffinement de cruauté et d'insensibilité qui est franchement révoltant. Ce sont des criminels « endurcis » ou professionnels dont le cœur est dépourvu de pitié ou de remords, et également dépourvu de la moindre étincelle de courage. Ce sont des hommes misérables dont la vie a été consacrée à défier et à blasphémer Dieu, mais qui, lorsqu'ils voient la mort devant eux, gémissent et hurlent et implorent l'intercession de l'aumônier ou de toute autre personne pieuse qu'ils peuvent rencontrer, non pas parce que ils se repentent de leurs péchés, mais parce qu'ils sont presque morts de peur à la pensée d'un enfer de feu, peint devant leur imagination avec des couleurs éclatantes. Pour de tels hommes, je suis sûr que la réduction du temps d'attente serait la plus grande grâce possible, car un délai plus long ne leur donne que l'occasion de se plonger dans un état presque dément. Au bout de trois semaines, ils sont souvent tellement déprimés et hystériques qu'ils sont incapables de comprendre quoi que ce soit correctement, et leur seul sentiment qui leur reste est une peur sauvage et frénétique de l'échafaud.

Outre les deux classes de pénitents, il ne reste que la classe des non-pénitents du tout. Ce sont pour la plupart des hommes qui connaissent le crime depuis longtemps et qui en ont fait l'affaire de leur vie. Ils considèrent la loi et ses agents comme un homme d'affaires considère un concurrent intelligent et sans scrupules ; et en cas de condamnation à mort comme l'un des risques commerciaux. La vie pour eux se termine, non pas à l'échafaud, mais sur le banc des accusés, lorsque la sentence est prononcée. A partir de ce moment, ils sombrent dans un état d'indifférence maussade, ou acceptent n'importe quelle occupation qui peut leur être offerte, simplement pour tuer le temps. Dans certains cas, ils se tournent vers la lecture de la Bible et la prière parce qu'ils pensent que « cela ne peut pas faire de mal, mais que cela peut faire un peu de bien », et parce qu'ils n'ont rien d'autre à faire. Personne ne peut dire que ces hommes sont pénitents, car une fois libérés, ils retourneraient à leurs voies vicieuses. Ils ne pourraient probablement pas atteindre un état meilleur s'ils pouvaient vivre trois mois au lieu de trois semaines, car le seul regret qu'on peut leur faire éprouver est personnel et purement égoïste. Elle est fondée sur la peur de l'enfer et n'est pas une contrition d'avoir commis le crime, mais le regret que le crime entraîne un châtiment dans l'autre monde. Les condamnés de cette classe, lorsqu'ils n'ont aucun espoir de sursis, ne nous remercient pas pour les trois semaines de « vie » qui leur sont accordées. S'ils pouvaient avoir leur propre choix, ils préféreraient marcher directement du quai à l'échafaudage et « en finir » immédiatement.

Dans tous les cas, si l'on examine la question à fond, en s'appuyant sur le bon sens plutôt que sur le simple sentiment, je pense que la conclusion sera que les trois semaines accordées ne présentent aucun avantage pour les condamnés. Dans la plupart des cas, leur position serait nettement améliorée en réduisant le temps.

Il existe d'autres avantages distincts à gagner en réduisant l'intervalle. En premier lieu, cela améliorerait grandement l'effet moral de la condamnation à mort. Le châtiment qui suit immédiatement la condamnation est une leçon de choses distincte, et plus le délai entre les deux est court, plus le lien entre le crime et la punition est évident. Même au bout de trois semaines, la connexion est souvent perdue.

En second lieu, la modification que je préconise empêcherait grandement l'éveil de faux sentiments en faveur des condamnés qui se trouvent avoir une personnalité intéressante. Cela mettrait un terme à la signature de pétitions à laquelle se livrent souvent des gens qui ne connaissent rien de l'affaire, mais qui sont sollicités pour exprimer leur sympathie pour le condamné et leur manque de confiance dans la justice de notre système de procès. Si seulement une semaine s'écoulait entre la condamnation et l'exécution, les faits du procès et les détails des preuves resteraient plus frais dans l'esprit du public, et les gens seraient moins susceptibles d'être amenés à se méfier de la justice de la sentence.

Pour tous ceux qui ont la charge des condamnés avant leur exécution, un raccourcissement du délai serait une grande bénédiction, car une telle accusation est souvent une expérience déchirante. Les aumôniers surtout, dont les expériences sont souvent des plus désagréables ; et dont les efforts sérieux rencontrent un retour si décevant, je pense qu'il accueillerait favorablement le changement.

Château de Norwich.

CHAPITRE XI.
Suspendu : d'un point de vue commercial.

JE AI dit au <u>chapitre II</u>. les raisons qui m'ont amené à prendre la charge de bourreau. Le lecteur se souviendra que je ne revendiquais alors aucun motif plus élevé que le désir de faire vivre ma famille, par un commerce honnête. Je n'ai pas honte de ma vocation, car j'estime que s'il est juste que des hommes soient exécutés (ce que je crois que c'est le cas dans les cas de meurtre), il est juste que la fonction de bourreau soit tenue respectable. Par conséquent, j'envisage la suspension d'un point de vue commercial.

Lorsque j'ai commencé à travailler, j'avais l'habitude de m'adresser au shérif du comté chaque fois qu'un meurtrier était condamné à mort. Je ne considère plus nécessaire de postuler pour travailler en Angleterre, car je suis désormais bien connu, mais j'envoie toujours une simple carte d'adresse, comme ci-dessus, lorsqu'une exécution en Irlande est annoncée.

Au début, je faisais ma demande sur un formulaire imprimé ordinaire, qui donnait les conditions et ne laissait aucune place à l'erreur ou au malentendu. De cette forme je donne une reproduction réduite sur la page ci-contre. J'utilise encore cette circulaire lorsqu'un shérif dont je n'ai reçu aucune commission antérieure m'écrit pour obtenir des conditions. Les frais de voyage comprennent le billet de train en deuxième classe de Bradford au lieu d'exécution et retour, ainsi que le prix du taxi de la gare à la prison. Si je ne suis pas incarcéré, les frais d'hôtel sont également autorisés. En général, les dépenses ne sont pas évaluées avec précision, mais les shérifs votent une somme forfaitaire qui, selon eux, suffira à les couvrir ; et si l'exécution a été satisfaisante, la somme accordée est généralement plus que suffisante pour couvrir ce que j'ai dépensé.

Il y a en moyenne une vingtaine d'exécutions par an, de sorte que le lecteur peut calculer à peu près quelle est ma rémunération pour une œuvre qui entraîne beaucoup de haine populaire, qui est à bien des égards désagréable et qui peut être accompagnée , comme cela a été le cas dans ma propre expérience, par un danger grave, entraînant des blessures corporelles permanentes. On verra que la commission nette n'est en aucun cas une somme annuelle exorbitante, compte tenu de toutes les circonstances de la fonction ; et que cela n'approche pas le montant que certains ont déclaré que j'ai pu gagner.

Bien entendu, mes revenus sont entièrement incertains, puisqu'ils dépendent entièrement du nombre des exécutions, et cet arrangement, par lequel mon gagne-pain dépend du nombre de pauvres gens condamnés à mort, est pour moi le trait le plus répugnant de mon travail. . Il me semble horrible de devoir parcourir les articles des journaux dans l'espoir qu'un semblable soit condamné à mort, chaque fois que je veux être sûr que « les affaires ne s'effondrent pas » ; et que je devrais considérer comme des jours mauvais et des temps difficiles ces périodes où il semble y avoir des accalmies dans les annales du crime, et où l'on peut raisonnablement espérer qu'un meilleur état de choses se levait dans le pays.

Ces considérations, ainsi que le désir plus égoïste mais tout à fait naturel d'être sûr de mes revenus et de ma capacité à donner à mes enfants un bon départ dans la vie, m'ont amené à approuver fortement la suggestion selon laquelle la fonction de bourreau devrait être une nomination gouvernementale. , avec un salaire fixe au lieu d'une commission incertaine. Lorsque le Comité des Lords sur la peine capitale siégeait, au début de 1887, j'exprimai mon point de vue sur cette question dans une lettre adressée au président du Comité, Lord Aberdare. Je ne suis pas sans espoir qu'un changement dans les dispositions visant à réglementer la fonction de bourreau sera bientôt apporté, et les lignes selon lesquelles je pense que cela pourrait être le plus raisonnable et le plus satisfaisant sont exposées dans la lettre à Lord Aberdare. que je joins.

1, Bilton Place,
City Road, Bradford.
Février 1887.

Mon Seigneur,

J'ai été en correspondance depuis quelque temps avec M. Howard Vincent, député de Sheffield, au sujet de la modification du mode de rémunération de mes services, dans l'application de la sentence de la loi sur les criminels reconnus coupables de crimes capitaux. M. Howard Vincent a suggéré que je m'adresse à l'honorable Comité sur la peine capitale, par l'intermédiaire de Votre Seigneurie en tant que président.

Je voudrais donc respectueusement signaler à Votre Seigneurie et à votre Honorable Comité que le mode actuel de paiement de mes services n'est pas satisfaisant et indésirable, et qu'un changement est nécessaire.

Comme Votre Seigneurie le sait sans doute, en vertu des arrangements existants, je reçois la somme de 10 £ ainsi que les frais de déplacement et autres frais accessoires pour chaque exécution que je mène. Il y a en moyenne environ 25 exécutions par an. Ce que je suggérerais respectueusement, c'est qu'au lieu de ce paiement par commission, je reçoive un salaire fixe du gouvernement de 350 £ par an. Je peux dire que depuis que j'ai accepté cette nomination, je n'ai jamais reçu moins de 270 £ par an. Je suis informé que pour déterminer un Salaire fixe, ou une Indemnité tenant lieu de paiement par Commission, le montant annuel moyen perçu sert de base de calcul.

Il apparaîtra clairement à Votre Seigneurie qu'une offre d'une somme *inférieure* à l'ancienne moyenne ne serait pas suffisamment avantageuse pour m'inciter à échanger l'ancien système contre le nouveau. Je puis en outre, avec la permission de Votre Seigneurie, attirer l'attention sur la position sociale particulière dans laquelle je me trouve placé en raison de l'exercice de la fonction mentionnée ci-dessus. Je suis dans une large mesure seul au monde, car un certain ostracisme social accompagne une telle fonction et ne s'étend pas seulement à moi-même, mais inclut également les membres de ma famille. Il devient donc extrêmement souhaitable que mes enfants, pour leur propre bien, soient envoyés dans une école loin de cette ville. Cela entraînerait bien entendu des dépenses importantes, qui ne seraient engagées que dans le cas où je pourrais compter sur une source de revenus fixe, moins sujette à variation que la rémunération actuelle par la seule commission. Je ne peux pas non plus, pour des raisons évidentes, obtenir un autre emploi. Ma situation de vendeur de bottes que j'occupais avant mon acceptation de la charge de bourreau, a dû être abandonnée pour ce seul motif, mon employeur n'ayant aucune faute à me reprocher, mais donnant cela comme seule raison pour se passer de mes services. .

Mon défunt employeur me donnera une bonne référence quant à mon caractère général, et les gouverneurs des prisons dans lesquelles j'ai procédé à des exécutions seront prêts à parler de ma stabilité ainsi que de ma capacité et de mon habileté à accomplir les tâches qui m'incombent.

En conclusion, je serais prêt à donner et à appeler des témoignages sur les points mentionnés ci-dessus (si cela semble opportun à Votre Seigneurie et à votre honorable comité), dès réception d'une notification à cet effet.

Dans ces circonstances, j'espère que Votre Seigneurie sera en mesure de voir clairement la voie à suivre pour inclure dans le rapport de votre honorable comité une recommandation selon laquelle une somme annuelle fixe de 350 £ devrait me être versée pour mes services rendus dans la fonction de bourreau.

J'ai l'honneur d'être
l'humble serviteur obéissant de Votre Seigneurie,

James Berry.

Au très honorable Lord Aberdare.
Président,
Comité de la peine capitale,
Whitehall, Londres, SW

PS Si votre honorable comité a une alternative à la proposition précédente, je suggère respectueusement que je sois engagé en permanence par le ministère de l'Intérieur pour une somme nominale de 100 £ par an, à l'exclusion des honoraires actuellement payés par les shérifs des différents comtés et les Dépenses habituelles.

A ce sujet, je tiens à préciser qu'en demandant que la charge de bourreau soit reconnue et permanente, je ne propose rien de nouveau, mais simplement un retour aux conditions en vigueur à peine plus de quinze il y a des années. Jusqu'en 1874, le bourreau était un fonctionnaire permanent et reconnu. M. Calcraft, le dernier à occuper ce poste, fut retenu par les shérifs de la ville de Londres, moyennant des honoraires de 1 1 shillings. 0d. par semaine, et avait également un mandat de la prison de Horsemonger Lane. En plus de ses honoraires, il avait divers avantages qui rendaient ces deux nominations suffisantes à elles seules pour son entretien décent, et il entreprit également des exécutions dans tout le pays, pour lesquelles il était payé à peu près au même taux que moi actuellement, mais avec avantages sociaux dans tous les cas. En 1874, il prit sa retraite et la ville de Londres lui accorda une pension de vingt-cinq shillings par semaine à vie.

Le successeur de M. Calcraft était M. Wm. Marwood, qui n'avait aucun statut officiel. Il recevait une retenue de 20 £ par an de la part des shérifs de la ville de Londres, mais au-delà de cette somme, il devait dépendre des frais d'exécutions individuelles et de sursis. À son époque également, il y avait des avantages considérables : par exemple, les vêtements et les biens personnels possédés par le criminel au moment de son exécution devenaient la propriété du bourreau. Ces reliques étaient souvent vendues à des prix très élevés et ne représentaient pas un élément négligeable dans les recettes annuelles. Mais la vente et l'exposition de telles curiosités ne faisaient que satisfaire un goût morbide de la part de certaines couches du public, et elles furent ordonnées par le gouvernement, à juste titre au point de vue public, mais très malheureusement pour le bourreau. que les biens personnels laissés par les criminels devraient être brûlés.

Dans de nombreux autres pays, le poste de bourreau est permanent. Dans certains cas, elle est héréditaire, comme en France, où elle est restée très longtemps dans la famille Deibler, passant de père en fils.

Même sur le territoire britannique, à l'heure actuelle, un bourreau officiel permanent n'est pas entièrement inconnu, car à Malte, le poste est une nomination définitive, à laquelle est attaché un salaire de 30 £.

En Angleterre, le shérif est l'officier désigné pour procéder aux exécutions, et bien qu'il soit autorisé à employer un remplaçant s'il en trouve un, il lui incomberait de procéder personnellement à l'exécution si aucun remplaçant ne pouvait être trouvé. Dans certains cas, autrefois, il y avait de très grandes difficultés à trouver quelqu'un qui accepterait d'entreprendre cette tâche désagréable, bien que je ne me souvienne d'aucun cas enregistré où le shérif aurait été absolument incapable d'engager un bourreau.

CHAPITRE XII.
La presse et le public.

JE PRESQUE ouvrir ce chapitre, « Mes critiques », car la presse et le public critiquent constamment mes actes. Les critiques sont généralement amicales, bien que souvent fondées sur une connaissance incomplète des faits. Parmi les hommes de presse, je dois dire qu'ils semblent généralement très bienveillants, et certainement beaucoup d'entre eux se donnent beaucoup de mal pour m'extraire quelques déclarations qu'ils peuvent transformer en une « interview ». En règle générale, je n'aime pas ces interviews, car je sais que mes employeurs s'opposent très fortement à ce que plus de sensationnalisme qu'il n'est absolument nécessaire soit introduit dans les récits d'exécutions. Malheureusement, dans de nombreux journaux, le sensationnalisme est la seule chose nécessaire, et lorsque je rencontre un journaliste très énergique attaché à un tel journal, ma position est très difficile. Si je réponds peu ou rien à ses questions, il risque de tirer une histoire effrayante et merveilleuse de sa propre tête et des ragots et des rumeurs qui semblent constamment circuler, commencés, j'imagine, par un sou dans le besoin - un centime dans le besoin. -doublures. En revanche, si je considère l'entretien comme le meilleur moyen de le contenir, les « touches de couleur » que l'intervieweur juge généralement nécessaire d'ajouter, risquent fort de me causer des ennuis et des incompréhensions.

Dans plusieurs cas, des déclarations susceptibles de me nuire gravement sur le plan professionnel ont été publiées ; et bien que je crois qu'ils ont été insérés sans intention malveillante, j'ai été obligé d'employer mes avocats pour obtenir leur contradiction.

Le cas qui m'a peut-être ennuyé plus que tout autre a été le reportage d'une prétendue interview dans l' *Essex County Chronicle* . On disait qu'il provenait d'un « contributeur occasionnel ». L'intervieweur en question m'a abordé dans l'hôtel où le shérif paie les frais d'exécution ; Je suis entré dans la chambre immédiatement après avoir été payé et juste au moment où le shérif partait. Il m'a posé deux ou trois questions sur des affaires privées, auxquelles j'ai répondu honnêtement et franchement, même si j'étais quelque peu ennuyé par l'homme et ses manières. L'« interview » qui est apparue m'a assez choqué. Plusieurs déclarations étaient complètement fausses, mais ce qui m'a le plus troublé était le paragraphe suivant, qui était tout à fait en contradiction avec les faits réels et avec les déclarations que j'avais faites :

« Et que pensent vos amis du métier que vous avez exercé ? J'ai demandé.

«Cela a tué ma mère et mon frère», répondit-il tristement. « Quand Marwood est mort, j'ai été nommé à sa place, et dès que ma mère l'a su, elle est tombée malade. L'avocat de mon père a alors écrit au ministère de l'Intérieur pour en informer les autorités. Le résultat a été que j'ai abandonné le poste et que Binns a obtenu la nomination. Cependant, ma mère est décédée peu de temps après et, lorsque j'ai vu la manière dont Binns se comportait, j'en suis venu à la conclusion qu'il ne garderait pas la place longtemps, et j'ai de nouveau écrit au ministère de l'Intérieur pour lui dire que ma mère était morts et que rien ne m'empêchait désormais de les héberger si mon assistance était requise. Peu de temps après, j'ai été engagé pour pendre deux hommes à Édimbourg, et j'ai procédé depuis lors à presque toutes les exécutions. Mon frère avait épousé une fille qui avait beaucoup d'argent et sa fierté en reçut un coup dur lors de ma nomination. C'est la cause de sa mort. Il était libéral et favorable à l'abolition de la peine capitale, mais je suis entièrement conservateur. Au total, j'ai enterré ma mère, mes deux frères et mes deux tantes au cours des trois dernières années.

C'était un paragraphe faux et cruel, les faits réels concernant la mort de mes parents étant les suivants : — 1. Mes tantes sont décédées avant que je prenne mes fonctions ou que je pense à le faire. 2. Ma mère est décédée d'un cancer du foie, dont elle souffrait depuis longtemps avant que je postule à ce poste ; et elle est décédée entre le moment de ma première candidature et le moment de ma seconde candidature, lorsque j'ai été nommé pour la double exécution à Édimbourg. 3. Mon frère est mort d'une faible fièvre, après que j'ai exercé la fonction de bourreau pendant environ quatre ans.

Je ne veux pas nier que mon choix du métier de bourreau ait été une déception et un ennui pour ma famille ; mais dire qu'il a causé ou précipité la mort de l'un d'entre eux, c'est dire ce qui n'est pas vrai. Si je pensais que cela avait réellement eu un effet aussi désastreux, j'espère que je ne suis pas un misérable assez insensible et endurci pour en faire un sujet de discussion avec un étranger.

On aurait presque pensé que des déclarations comme celle extraite ci-dessus porteraient leur réfutation à première vue, et qu'il n'y aurait pas lieu de les contredire ; mais l'affaire fut sérieusement abordée par le *Daily News*, qui en fit le sujet d'un leader, ainsi que par d'autres journaux de tout le pays, extraits ou commentés de l'affaire dans le *Daily News*.

Bien sûr, j'ai confié l'affaire à mes avocats, qui ont pris des mesures pour mettre fin à la diffamation initiale, mais ils n'ont naturellement pas été en mesure d'arrêter sa circulation dans le pays.

Une autre affaire qui m'a beaucoup ennuyé à l'époque est née à Hereford, de l'avidité pour les « copies » intéressantes et sensationnelles manifestée par un membre du personnel du *Hereford Times*. Il a inventé une histoire sensationnelle selon laquelle, après l'exécution de Hill et Williams, je me suis retiré dans un hôtel voisin où se déroulait un concert fumant et où j'ai tenu une horrible levée. Le pire de ce rapport était qu'il était basé sur des faits et qu'une simple coloration du rapport faisait passer un divertissement raisonnable et parfaitement innocent pour quelque chose de honteux.

En réalité, après l'exécution, j'étais en compagnie de l'échevin Barnet, maire de Worcester, et d'un sergent-détective, tous deux étant mes amis personnels. Avec l'échevin Barnet, j'ai été invité à une soirée sociale organisée par certains de ses amis. C'était une soirée parfaitement privée et qui s'est déroulée convenablement à tous points de vue. Lorsque le représentant *du Times* est apparu, comme l'appelaient les messieurs présents, il a été invité à se joindre à nous, simplement à titre d'ami. Le rapport du parti fit beaucoup parler à l'époque, et Sir Edwin Lechmere, député de Hereford, en fit le sujet d'une question à la Chambre des communes.

De temps en temps, un très grand nombre de déclarations incorrectes et exagérées ont été faites dans la presse sur presque tous les détails de mon travail, et je suppose que tant que le public aura un amour pour le merveilleux, et aussi longtemps que la presse -les hommes ont une mémoire traîtresse ou une imagination débordante, il en sera toujours ainsi. Mes revenus énormes sont un des sujets sur lesquels les journaux s'égarent le plus souvent, et on a souvent affirmé que mes gains s'élevaient à mille dollars par an. Je souhaiterais seulement qu'il en soit ainsi, si je pouvais y parvenir grâce à une augmentation des taxes plutôt qu'à une augmentation du nombre des exécutions, mais le lecteur a ailleurs des indications correctes sur le montant réel de mes revenus. Je n'en veux jamais à mes amis de la presse pour ces petites déformations des faits, car je sais qu'ils ne veulent pas de mal, et dans l'ensemble ils m'ont toujours très bien utilisé.

A l'égard du public, sa curiosité de me voir est bien plus grande que mon désir de la satisfaire. Je n'ai aucune envie d'être suivi et regardé par une foule, comme si j'étais une monstruosité, et dans de nombreux cas, j'ai dû me donner la peine de les repousser. Cela, je peux le faire dans une certaine mesure en voyageant dans d'autres trains que celui qui m'attend. Dans certains cas, lorsqu'il y a deux ou trois chemins de fer dans une ville, dont l'un est la ligne directe de Bradford, je prends la ligne directe jusqu'à une gare locale, et là je me transforme en train d'une autre ligne ou en un train circulant sur une certaine gare. ligne secondaire locale et arrivent ainsi inaperçus. A Newcastle, après l'exécution du juge, il y avait une foule nombreuse et enthousiaste qui attendait mon départ, moi et mon assistant. Il y avait un ou deux hommes dans la foule qui me connaissaient de vue et connaissaient le train par lequel nous devions voyager. Ils ont donc fait une descente dans la gare et, malgré les efforts des chemins de fer et de la police pour garder L'endroit dégagé, ils franchirent les barrières avec un hurlement d'exultation et remplirent la plate-forme. Le plan par lequel nous leur avons échappé était très simple. Nous avons traversé la rivière jusqu'à Gateshead et avons réservé de là jusqu'à Newcastle. Arrivés en train au milieu des gens qui nous cherchaient, nous n'avons attiré aucune attention, car les gens qui me connaissaient étaient près des portes d'entrée et s'attendaient à ce que nous arrivions à la gare par la voie habituelle. Comme nous avions avec nous nos billets pour Bradford, nous avons simplement traversé le quai pour rejoindre notre propre train et, le moment venu, nous sommes partis vers le sud, laissant à la foule déçue la ferme impression que nous n'étions pas entrés dans la gare.

La première fois que je suis allé à Swansea, il y avait une foule nombreuse qui m'attendait, mais ils ont été déçus, car j'avais pris un petit arrangement qui a complètement bouleversé leurs calculs. Il m'est arrivé de voyager de Shrewsbury à Swansea avec un monsieur bien connu dans cette dernière ville. Dans le train, nous avons entamé une conversation et j'ai appris que sa voiture devait l'attendre à la gare. Je lui ai donc demandé s'il pouvait me recommander un bon hôtel et j'ai été ravi lorsqu'il m'a répondu qu'il m'y conduirait, ce qui était exactement ce que je souhaitais. Il ne savait pas qui j'étais, et la petite foule qui regardait n'aurait jamais imaginé que le bourreau monterait dans la voiture de leur citadin. Bien sûr, je ne voulais pas rester à l'hôtel, car je devais loger en prison, mais j'ai remercié mon ami pour l'ascenseur, je suis entré dans l'hôtel pour prendre un verre de bière pendant qu'il partait en voiture, puis je suis monté à l'hôtel. à la prison sans que personne ne se doute de ma course.

Chaque fois que j'ai été en contact avec des foules en Angleterre, leur attitude a été amicale. En Irlande, les groupes de personnes qui peuvent se rassembler sont généralement l'inverse. En Angleterre, s'il y a une sorte de manifestation, c'est une acclamation ; en Irlande, c'est des huées et des gémissements. Mais il est rare, en Angleterre, que je rencontre une démonstration personnelle. Les foules qui se rassemblent devant les prisons lorsque les exécutions sont en cours sont des études intéressantes. Ils saluent le lever du drapeau noir avec des acclamations ou des gémissements qui indiquent leur opinion sur le bien-fondé de l'affaire. Il est curieux de constater à quel point les sympathies de cette partie du public penchent dans un sens ou dans l'autre, souvent sans raison apparente. Cette pensée m'est venue avec force lors des exécutions d'Israel Lipski et de William Hunter, qui furent pendus à quelques mois d'intervalle.

Israël Lipski.

Lors de l'exécution de Lipski, la foule était la plus nombreuse que j'aie jamais vue, de nombreuses personnes sont restées là pendant des heures. L'excitation était intense, mais il n'y avait aucune sympathie pour le prisonnier. Il y avait beaucoup de Juifs dans la foule, et partout où ils étaient remarqués, ils étaient bousculés, frappés à coups de pied et insultés de toutes les manières imaginables ; car la haine manifestée par la foule s'étendit de Lipski à sa race. Lorsque le drapeau noir a été hissé, il a été reçu par trois acclamations retentissantes. Dans l'ensemble, la foule manifestait la plus grande haine envers le meurtrier. Et pourtant son crime n'était pas pire que la plupart des meurtres, et il y avait beaucoup de choses liées à lui et aux circonstances de la vie de ce misérable homme, tant avant qu'après, qui j'aurais dû m'attendre à susciter un peu de sympathie ; en tout cas, parmi des personnes se trouvant dans une situation de vie similaire.

L'exécution de Hunter était l'avant-dernière après celle de Lipski, et son crime m'a toujours semblé le plus cruel dont j'aie jamais entendu parler. Hunter était gréviste dans une fonderie de métier, mais clochard par choix. Il quitta sa femme et ses deux enfants et partit en vagabondage, pour finalement nouer une sorte de partenariat avec une Écossaise qui avait six enfants illégitimes. L'une d'elles, une petite fille de trois à quatre ans, partait en promenade avec eux, et bien sûr, la pauvre petite était tout à fait inapte à l'exposition et aux nombreux kilomètres de marche qu'ils lui faisaient accomplir quotidiennement. Hunter et la femme furent tous deux cruels envers l'enfant et poussèrent leur cruauté à un point tel qu'à une occasion au moins, ils reçurent des remontrances et furent finalement expulsés d'un logement commun en raison de leur conduite. Enfin, un jour après une longue marche, la petite acarienne se mit à pleurer de fatigue, et Hunter, pour l'empêcher de pleurer, la frappa avec une baguette. Plus tard, dans le même but, il la frappa avec un bâton qu'il avait ramassé sur la route. Encore plus tard dans la journée, il a continué à le maltraiter jusqu'à ce qu'il ait tué la pauvre petite créature. Pour rendre justice à l'homme — ou à la brute — il faut dire que lorsqu'il constatait que l'enfant était insensible (il était réellement mort), il allait chercher de l'eau pour baigner sa pauvre tête meurtrie ; et quand il s'est rendu compte qu'il était mort, il s'est tranché la gorge et a failli se suicider - mais ces considérations ne semblent guère atténuer la dure brutalité de sa conduite. On aurait pu penser que l'homme qui avait ainsi torturé à mort sans cœur un enfant sans défense aurait été exécré de tous les hommes ; Pourtant, la foule rassemblée lors de l'exécution de Hunter avait un air de vacances. Il y avait environ 1 500 personnes, dont la plupart riaient et plaisantaient. Lorsque le drapeau a été hissé, il n'y a eu aucune manifestation, peut-être que les habitants de Carlisle ne sont pas démonstratifs. Quoi qu'il en soit, la conduite contrastée de la foule lors des deux exécutions m'a frappé vivement ; et bien qu'il soit triste que les hommes puissent se réjouir de la mort d'un prochain, si les acclamations avaient été données à la mort de Hunter qui avaient salué la mort de Lipski, je pense qu'elles auraient été plus naturelles et plus anglaises que de légères plaisanteries et de légers rires. .

CHAPITRE XIII.
Incidents et anecdotes.

COMME TOUJOURS le cas lorsqu'un homme atteint une certaine importance ou notoriété, un certain nombre d'histoires totalement infondées circulent sur mes actes et mes aventures. D'autres, fondés à l'origine sur des faits, ont été tellement modifiés et altérés que je ne les reconnais pas lorsqu'ils me reviennent. Au total, on m'a attribué le mérite d'être le héros de tant d'aventures surprenantes que je crains que les quelques petits incidents qui me sont réellement arrivés ne paraissent insignifiants à côté des fictions.

L'un des incidents les plus frappants qui me soit jamais venu à l'esprit s'est produit lors du voyage de Lincoln à Durham, après l'exécution de Mary Lefley, en 1884. À Doncaster, nous sommes passés du Great Eastern au Great Northern Railway. Je cherchai une voiture avec un siège d'angle libre et montai dans une voiture contenant trois hommes à l'air rude. Quand le train fut démarré, ils commencèrent à parler entre eux, à me regarder et finirent par me taquiner. Bien sûr, je faisais semblant de ne pas comprendre leurs allusions à l'exécution de ce matin-là et j'étais indigné qu'ils me prennent pour un bourreau, mais ils étaient sûrs d'avoir raison et ont commencé à me proposer de parier entre eux sur lequel d'entre eux je devrais. obtenir en premier. J'étais heureux d'arriver à York, où je quittai leur compagnie. Deux ans plus tard, j'ai rencontré les trois mêmes hommes dans des circonstances très différentes. Ils étaient à Carlisle, condamnés à être exécutés pour le cambriolage de Netherby Hall, et j'ai exécuté la sentence de la loi. Leurs noms étaient Rudge, Martin et Baker.

J'essaie toujours de rester inconnu lorsque je voyage, mais il existe une certaine catégorie de personnes qui se pressent toujours comme si un bourreau était un peep-show. Pendant le voyage mentionné ci-dessus, après avoir changé à York, je montai dans une voiture avec un vieux monsieur à l'air bienveillant. Une petite foule s'est rassemblée autour de la porte et, au moment où nous partions, un porteur a passé la tête par la fenêtre, a montré mon compagnon de voyage et, avec une stupide tentative de plaisanterie, a dit : « J'espère que vous lui donnerez le droit. plus serré. Le vieux monsieur semblait très intrigué et, bien sûr, j'étais tout à fait incapable d'imaginer ce que cela signifiait. A Darlington, il y eut une autre petite foule qui se rassembla pendant un court moment autour de notre voiture. Heureusement, personne ne me connaissait, de sorte que lorsque le vieux monsieur leur demandait ce qui se passait, ils ne pouvaient que lui répondre que Berry prenait ce train et qu'ils voulaient le voir. Le vieux monsieur parut impatient de voir un homme aussi affreux que le bourreau, et me demanda si je le connaîtrais si je le voyais. J'ai désigné un personnage de mauvaise mine comme étant peut-être l'homme, et mon compagnon de voyage a répondu :

« Oui ! lui ressemble beaucoup. Je suppose qu'il avait vu un soi-disant portrait de moi dans l'un des journaux. Nous sommes devenus très amis et lorsque nous sommes arrivés à Durham, où je descendais, il m'a demandé ma carte. Le lecteur peut imaginer sa surprise lorsque je le lui ai remis.

Cette petite histoire a été très déformée et amplifiée, et a même fait l'objet d'un article de fond qui me reproche de « me glorifier de mon horrible métier » et de choquer des gens respectables en leur donnant mes cartes.

Une autre petite anecdote qui a été grandement déformée est ce que j'appelle l'histoire du mal de dents. Il est arrivé en 1887, lors d'une traversée en provenance d'Irlande, qu'un des passagers était terriblement malade, souffrant à la fois de mal de mer et de maux de dents. Il gênait plutôt plusieurs voyageurs qui n'étaient pas malades et qui voulaient profiter du voyage, et il a dû donner beaucoup de peine aux stewards. Je pense que l'un de ces derniers a dû lui dire que je pouvais le guérir, car il est venu et m'a prié de lui dire quelle était la meilleure chose à faire pour son mal. J'avouai que j'avais l'habitude de lui donner des gouttes qui guérissaient instantanément le mal de dents et le mal de mer, mais je l'assurai qu'il ne voudrait pas prendre mon remède. Il persista cependant, alors je lui tendis une carte, et comme c'était un homme sensible, cela lui donna un choc nerveux bien suffisant pour le soulager du mal de dents et moi de sa présence pour le reste du voyage. La carte que j'utilisais alors ayant été souvent évoquée dans les journaux, j'en donne un fac-similé. Le texte était en noir, avec la fougère en vert et la bordure en or. J'utilise maintenant une carte parfaitement simple, telle que reproduite page 117 .

Un triste petit incident lié au meurtre du gardien Webb par John Jackson restera toujours dans ma mémoire. J'étais déjà allé à la prison de Strangeways une ou deux fois auparavant en service, et Webb avait toujours été mon assistant personnel pendant ma résidence, de sorte que nous étions plutôt amicaux. Lors de l'exécution précédant celle de Jackson, celle de John Alfred Gell, en mai 1888, nous avons eu deux ou trois longues conversations, et Webb tenait beaucoup à ce que j'aille à Manchester pour passer une demi-journée ou une journée avec lui dans la prison. ville, alors qu'il pouvait obtenir un congé. Il espérait qu'il leur faudrait beaucoup de temps avant de m'y revoir professionnellement, mais il a dit qu'ils seraient toujours heureux de me voir si j'étais à Manchester pour d'autres affaires et qu'ils pourraient m'appeler. Puis, abordant le sujet des exécutions, il commença à se demander qui serait le prochain pour qui j'aurais à y aller, et qui en serait la victime, et secouant tristement la tête, il dit : « Un corps ne sait jamais qui sera suivant." Le pauvre garçon ne pensait pas qu'il serait la prochaine victime, et que la prochaine fois que je visiterais Strangeways, ce ne serait pas une visite amicale, mais une visite pour venger sa propre mort.

Bien entendu, mes fonctions me font beaucoup découvrir le pays et j'ai rencontré beaucoup de personnes intéressantes au cours de mes voyages. En règle générale, je ne me fais connaître que si j'ai une bonne raison de le faire, car je n'ai pas envie de me transformer en spectacle bon marché. Un jour, j'ai voyagé de Coventry à Warwick avec le journaliste d'un des journaux de Coventry. Il ne savait rien de mon identité et ne semble pas m'avoir reconnu lors de l'exécution ; mais en rédigeant son rapport, le lien entre le monsieur dans le train et le bourreau dans la prison semble lui être apparu, et il écrivit ce qui suit, ce qui m'amusa beaucoup lorsqu'il parut dans son journal :

Après avoir rédigé ce rapport et décrit les traits et la tenue vestimentaire du bourreau, l'auteur s'est rendu compte pour la première fois que la description était celle d'un gentleman avec lequel il avait voyagé de Coventry à Warwick l'après-midi précédent. En réfléchissant à toutes les circonstances du voyage, il en était tout à fait sûr ; et bien qu'amusé à l'idée d'avoir voyagé et conversé avec un bourreau sans le savoir, il était un peu vexé de ne pas avoir donné à la conversation une tournure « professionnelle », ce qu'il aurait fait s'il avait su qui était son compagnon de voyage. . L'incident suffit à montrer que des personnes voyageant par chemin de fer se retrouvent parfois en seule compagnie sans en avoir la moindre connaissance.

En 1887, lorsque je dus me rendre à Dorchester pour pendre Henry William Young pour le meurtre de Poole, je restai à Bournemouth et pris une chambre dans un hôtel de tempérance. Dans la soirée, j'entrai en conversation avec l'hôtesse, qui s'intéressait beaucoup au sujet des exécutions et qui paraissait aimer à en discuter. Elle était décidément « détestée » par Berry, « le bourreau », et s'exprimait très librement sur son caractère et son caractère ; entre autres choses agréables, disant que c'était un homme sans âme et inapte à avoir des relations sexuelles avec des gens respectables. Bien sûr, j'ai accepté en souriant tout ce qu'elle avait à dire et j'ai ri doucement à propos d'une petite surprise que je lui réservais. La surprise s'est produite à l'heure du coucher, lorsqu'elle m'a tendu la bougie de ma chambre et, en retour, je lui ai tendu ma carte. La bonne dame faillit s'évanouir.

Ce n'est pas souvent que j'ai peur, car je suis assez capable de me débrouiller tout seul, mais j'ai eu une fois une petite aventure dans le train, venant de Galway à Dublin, qui m'a donné un ou deux frissons. C'était à une époque où l'Irlande était très troublée par les attentats agraires, et je savais que parmi certaines classes inférieures il y avait un sentiment de haine contre moi à cause de mon métier. J'en ai eu un exemple en descendant *à* Galway, et comme cela m'a conduit et m'a quelque peu préparé à l'autre incident, je pourrais aussi bien le mentionner. Mon voyage à Galway avait pour but de pendre quatre hommes condamnés à mort pour travail au noir. Ce fut un voyage tout à fait passionnant, car quatre hommes qui se trouvaient dans le même compartiment que moi, de Dublin à Mullingar, eurent une discussion animée sur un sujet politique et, juste au moment où nous quittions Killucan, ils commencèrent à se battre très violemment, utilisant leurs bâtons et leurs poings. à tel point que tous leurs visages furent bientôt couverts de sang. Alors que le train arrivait à Mullingar, la fureur s'est calmée aussi vite qu'elle avait commencé, ils ont tous commencé à s'excuser les uns auprès des autres et à s'essuyer le sang des visages les uns des autres. A Mullingar, je suis sorti boire un verre pour calmer mes nerfs, car le combat si rapproché m'avait quelque peu bouleversé, même si je n'y prenais aucune part. Sur le quai, deux personnages à l'air méchant et rude dirent quelques mots aux hommes qui étaient sortis de mon compartiment puis me suivirent dans la buvette, où ils semblaient désireux de faire ma connaissance et insistèrent avec force pour que je prenne un repas. boire avec eux, ce que j'ai dû consentir de peur de provoquer une dispute. Ils m'ont demandé où j'allais, ont dit qu'ils allaient à Galway et, sur un ton qui m'a semblé particulièrement significatif, m'ont demandé si je savais si M. Barry, le bourreau, était réellement dans le train ou non. Ils m'ont suivi sur le quai comme deux ombres et sont entrés dans le même compartiment du train. Tout cela me mettait plutôt mal à l'aise, car même si j'étais bien armé, il n'y a rien dans la vie que je redoute autant que la possibilité de devoir tuer un homme en état de légitime défense et d'être jugé, et peut-être condamné, pour meurtre. J'ai donc été très heureux lorsque deux hommes en civil, que je savais appartenir à la Royal Irish Constabulary, sont montés dans l'autre moitié de la voiture, qui était une de celles dans lesquelles il y a deux compartiments séparés par une cloison basse. Je ne sais pas si mes deux rudes compagnons remarquèrent même qu'il y avait quelqu'un dans l'autre moitié de la voiture, à laquelle ils tournaient le dos. Leur comportement, en effet, semblait montrer qu'ils pensaient que nous étions seuls, mais je pouvais voir que les hommes du RIC les regardaient avec intérêt et prenaient note de chaque mot qu'ils disaient. Tout le long du chemin, de Mullingar à Athenry, les deux hommes m'ont bombardé de questions et ont essayé par tous les moyens en leur pouvoir de m'entraîner dans la discussion et dans l'expression de mon opinion. Je leur ai répondu aussi brièvement que possible sans être incivil, mais j'ai pris soin qu'ils ne tirent pas beaucoup d'informations solides de mes réponses. À Athenry, ils se sont traînés dans le coin le plus éloigné du compartiment et, dans des chuchotements scéniques, qu'ils pensaient évidemment que je ne pouvais pas entendre, ils se disputaient pour savoir si j'étais « Barry » ou non. L'un d'eux s'est montré très excité et a souligné que j'étais anglais, que je venais du nord de l'Angleterre, qu'il n'y avait personne d'autre dans le train qui ressemblait à un bourreau, que mon histoire d'acheteur de volaille était « » tout va bien », et enfin que j'avais une cicatrice sur la joue qui « le prouvait absolument, begorra ! L'autre type a déclaré que « bien sûr, le gentilhomme dans le coin était un gentilhomme, et non un bourreau meurtrier, assoiffé de sang et bourreau », opinion qui semblait finalement être partagée par tous deux. Alors que nous entrions à Galway, j'ai utilisé mon mouchoir, puis j'ai posé ma main sur le rebord de la fenêtre, le mouchoir pendant. C'est le signal convenu avec mon escorte policière, qui était sur le quai, et qui a réussi à se trouver juste en face de la porte lorsque le train s'est arrêté. Tandis que je m'éloignais au milieu de ces costauds, je regardai autour de moi et vis mes deux compagnons de voyage qui gesticulaient sauvagement et s'insultaient mutuellement pour avoir été trompés et pour avoir traité « le fumier même que nous allions rencontrer ». Je n'ai jamais su s'ils m'avaient voulu du mal, mais les hommes de la police m'ont dit qu'ils étaient deux des personnages les plus durs de Galway.

Les quatre condamnés à mort furent graciés l'un après l'autre, à mesure que les jours fixés pour leur exécution approchaient, de sorte que je n'eus finalement pas à accomplir mon pénible devoir. Mais j'ai dû attendre plus d'une semaine dans la prison de Galway, sans rien de plus animé à faire que de lire les journaux et de me promener dans la morne cour de la prison, parce que le gouverneur ne considérait pas qu'il serait sans danger pour moi de m'aventurer. dehors. J'étais profondément heureux lorsque le dernier sursis arriva et que j'étais libre de rentrer chez moi. Pour éviter autant que possible d'être observé, j'ai pris le train de minuit, et comme il y avait très peu de passagers, je me suis assuré un compartiment pour moi-même et je me suis installé confortablement pour dormir. Je n'ai pas été dérangé jusqu'à ce que nous atteignions Mullingar, lorsque j'ai remarqué un homme qui a regardé dans mon compartiment, puis a parcouru toute la longueur du train et est finalement arrivé dans mon compartiment, bien qu'il y en ait d'autres dans le train assez vides. Il a immédiatement commencé à me parler dans un style amical, avec un fort accent américain, mais je n'aimais pas du tout son apparence, alors j'ai fait semblant de vouloir m'endormir. Alors que je l'évaluais depuis mes paupières à moitié fermées, je l'ai considéré comme un Yankee « à forte houle ». Il portait un grand chapeau souple et une cape, un sac à main richement orné d'argent et la poche de son manteau présentait le contour indubitable d'un revolver. Il m'a posé toutes sortes de questions sur la politique irlandaise, m'a demandé où j'habitais, quelles étaient mes affaires, où j'allais rester à Dublin et une foule d'autres questions que j'ai éludées autant que possible. Je lui ai dit, entre autres choses, que je m'appelais Aykroyd et que je vivais dans le nord de l'Angleterre, mais pas bien au-delà. Au bout d'un moment, il sortit son revolver et commença à l'examiner avec insouciance. Comme je n'aimais pas cette tournure des choses, j'ai sorti ma propre arme, qui était construite pour le travail et deux fois plus grosse que celle que portait l'étranger, et j'ai fait semblant de l'examiner très attentivement. L'inconnu m'a demandé de le laisser examiner mon « pistolet », mais je lui ai répondu que c'était une arme que je n'aimais pas trimballer par peur des accidents et, après un dernier examen des charges, je l'ai remis dans mon sac. poche de mon manteau dans une position telle qu'elle recouvrait l'étranger, et j'ai gardé mon doigt sur la gâchette jusqu'à ce que nous atteignions Dublin. L'Américain a essayé de maintenir la conversation tout au long du trajet, mais je n'étais pas très encourageant et je pensais que lorsque nous arriverions à Dublin, il en aurait profondément marre de ma compagnie. Mais quand je suis sorti de la gare et que je me dirigeais vers mon hôtel, j'ai été surpris de constater qu'il a sauté dans la même voiture et m'a dit qu'il irait au même hôtel que moi. Après m'être lavé, je suis descendu dans la salle de petit-déjeuner et j'ai entendu l'Américaine demander à la serveuse si elle connaissait M. Berry, ce à quoi elle a répondu que oui ; et puis si M. Berry était là ce matin-là, ce à quoi elle répondit qu'elle ne l'avait pas vu. En fait, elle ne l'avait pas fait, et je me suis glissé dans le couloir pour lui dire, tandis qu'elle se dirigeait vers la cuisine, que mon nom, *pro tem* , était Aykroyd. J'ai trouvé dans le café qu'il y avait une lettre qui m'était adressée, sur la cheminée. L'inconnu examinait cela et me demanda si je connaissais de vue le bourreau. Alors qu'il était presque l'heure de reprendre mon bateau, l'étranger resta collé à moi et, au dernier moment, il me proposa de prendre un verre ensemble. Nous sommes allés chez Mooney's, où j'étais connu du barman, à qui j'ai fait un vigoureux clin d'œil en entrant, ce qui lui a montré qu'il y avait quelque chose dans le vent. Après avoir commandé nos boissons, l'Américain lui a demandé s'il connaissait Berry, le bourreau, ce à quoi il a honnêtement répondu que oui. L'Américain a ensuite demandé s'il savait si Berry était venu de Galway par courrier de nuit, ajoutant « il était censé voyager par ce train, mais M. Aykroyd et moi-même sommes passés par là et nous n'avons vu personne comme lui, même si j'ai regardé attentivement. tout le train. Bien sûr, le barman ne savait rien, alors nous avons bu et je suis sorti vers ma voiture, l'Américain me serrant la main et me souhaitant un agréable voyage. Je l'avais parcouru assez près, et une conduite rapide nous a tout juste amenés au quai à temps pour que je puisse monter à bord. Alors que le navire quittait le quai, une voiture, conduite à toute vitesse, s'est précipitée et le passager, que j'ai reconnu comme mon Américain, a gesticulé sauvagement, comme s'il voulait que le navire s'arrête. Mais nous sommes partis avec la vapeur et la marée, et il a parcouru une certaine distance le long des quais en agitant sauvagement mais vainement ses mains.

La prochaine fois que j'étais chez Mooney, j'ai entendu quelques détails supplémentaires. L'étranger était retourné prendre un autre verre et après avoir discuté quelques minutes, le barman lui a dit que son ami M. Aykroyd était le Berry même pour lequel il s'était renseigné. En entendant cela, il poussa une demi-douzaine de jurons, se précipita vers une voiture et partit en toute hâte.

Je ne l'ai jamais revu depuis, ni le barman non plus, et je n'ai jamais su quels étaient les motifs de sa conduite particulière.

Annexe.

LE PROBLÈME DES « RÉPONSES » LIMITÉES.

AU DE l'année dernière (1890), je me suis senti obligé d'intenter une action en diffamation contre le journal «Answers» Co., Ltd. Comme l'affaire avait été entièrement rapportée à l'époque, je pense qu'un rapport condensé des colonnes du *Bradford Observer*, du 17 mars [1890], est peut-être plus satisfaisant que mon propre exposé du cas. Je le donne donc sous forme d'appendice, plutôt que dans le chapitre « La presse et le public » auquel il appartient.

Dans cette action, M. Waddy, cr, député, et M. Waugh (instruit par M. JJ Wright) ont comparu pour le demandeur, M. James Berry, le bourreau public, du 1, Bilton Place, Bradford ; et M. Cyril Dodd, cr, ont comparu pour les défendeurs, «Answers» Newspaper Company, Limited. Le plaignant a réclamé 500 £ pour diffamation, qui ont été imprimées et publiées dans le périodique intitulé « Answers » ; les accusés ont admis l'impression et la publication de la diffamation et, à titre d'atténuation des dommages-intérêts, ont retiré toutes les imputations morales contre la moralité de Berry et ont payé une somme de 40 shillings. au tribunal et s'est excusé pour les mots utilisés.

M. Waddy a déclaré au nom du plaignant - et il pensait que l'observation se recommanderait à leur jugement - qu'aucun homme dans le royaume, quoi qu'il soit et quelle que soit la vocation qu'il pourrait suivre, tant qu'il s'acquittait des devoirs de son appelant avec honnêteté et intégrité, doit être délibérément insulté et bafoué pour quelque raison que ce soit ; et il croyait que lorsqu'ils entendraient quels genres de mensonges étaient imprimés concernant Berry, ils seraient d'accord avec lui que M. Berry, bien qu'il soit le bourreau commun, étant un homme sobre et respectable, avait le droit d'être protégé contre les insultes gratuites. . Il leur dirait quels étaient les faits. Il apparut qu'en septembre ou octobre 1889, un homme nommé White vint le voir, se présentant comme correspondant d'un journal américain, et dit à M. Berry qu'il était impatient de connaître son point de vue sur le sujet très intéressant des exécutions par les Juifs. moyens électriques, et que son opinion, compte tenu de son expérience des exécutions, était d'une très grande importance. Il offrit à M. Berry une indemnité de 3 £ s'il lui accordait l'entretien qu'il désirait ; et ces honoraires ont été payés, et M. Berry a discuté de la question avec lui. Il l'a fait en promettant, oralement et par écrit, que quoi qu'il dise ne serait pas publié dans ce pays. M. Waddy a ensuite lu l'article paru dans « Réponses », dont je n'ai qu'à donner des extraits.

C'est un homme puissant, trapu, de taille moyenne, et son visage n'est pas désagréable au premier coup d'œil, bien qu'en y regardant de plus près on découvre que le visage révèle l'absence de plusieurs éléments moraux dans la composition de l'homme, ce qui semble indiquer que le Créateur l'a conçu spécialement pour les fins qu'il sert.

Un observateur critique dirait probablement que ses yeux sont trop rapprochés et que leur éclat est celui de la morue plutôt que celui de l'aigle, tandis que si la bouche et le menton indiquent la détermination, le front donne l'impression d'un déséquilibre.

Un phrénologue trouverait peut-être que les bosses crâniennes qui indiquent le sens et la honte, la pitié et la sympathie ne sont pas particulièrement bien développées sur la tête de M. Berry.

« Avez-vous déjà été menacé par les amis des criminels que vous avez pendus ?

«Souvent», répondit M. Berry, «mais je n'y prête aucune attention. Je fais mon devoir et je suis protégé par le gouvernement.

"On a dit que si Mme Maybrick n'avait pas bénéficié d'un sursis, une foule se serait formée à Liverpool pour empêcher que vous la penniez."

«Ils ne m'auraient jamais vu», a déclaré M. Berry, «j'avais été en prison et je l'avais mis en colère avant que la foule ne sache que j'étais là, et j'avais été dans le train et dans mon chemin de retour avant qu'ils sachent qu'elle était morte. Pourquoi, quand j'ai attaqué Poole à Dublin, qui a assassiné l'informateur Kenny – O'Donnell, qui a assassiné l'autre informateur, Carey, après avoir été « agressé à Newgate » la veille – il y avait une grande foule à Dublin pour m'empêcher d'entrer dans la prison, et personne à l'extérieur ne savait que Poole était « en colère jusqu'à ce que je sois sur le bateau en route pour Holyhead.

« Comment gérez-vous cela ? » J'ai demandé à nouveau.

«Je vais vous le dire», dit M. Berry avec un élan de confiance. « Je me rase les moustaches et je mets des vêtements de femme. C'est comme ça que je suis entré dans la prison de Dublin, avec mes cordes et mes sangles sous mes vêtements, et c'est comme ça que j'ai fait beaucoup de travail.

Berry n'a jamais fait quelque chose de sa vie comme enfiler des vêtements pour femmes. Il n'a jamais eu l'occasion de les mettre, et il n'y avait pas la moindre ombre de fondement à cette affirmation. Les personnes mentionnées dans l'article comme ayant été pendues par Berry ne l'ont pas du tout été. Ce libelle fut imprimé le 23 novembre [1889] et une action fut immédiatement intentée. Les défenseurs ont maintenant déclaré, pour atténuer les dommages, qu'ils niaient que les mots portaient l'interprétation que le demandeur leur avait donnée, retiraient toutes les imputations, admettaient que celles-ci n'étaient pas fondées et s'excusaient pour le fait reproché. Mais les excuses et le retrait ne sont apparus que dans les plaidoiries. Depuis ce jour jusqu'à aujourd'hui, avec 158 000 de leurs journaux publiés chaque semaine, il n'y a pas eu un seul mot dans le journal pour s'excuser de leur action. Il leur était loisible, en vue d'atténuer les dommages, de suivre cette voie, mais ils n'avaient rien fait d'autre que de présenter leurs excuses au procès-verbal et de verser au tribunal la somme majestueuse de 40 shillings. comme, à leur avis, suffisant pour réparer le tort.

M. Berry a ensuite été mis dans la boîte et a appuyé les déclarations de M. Waddy.

M. Waddy a ensuite parlé de l'ensemble de l'affaire.

Au nom des accusés, M. Dodd a déclaré que les propriétaires du journal qu'il représentait étaient aussi soucieux que quiconque de ce que justice raisonnable soit rendue. Bien entendu, Berry n'a pas laissé entendre qu'il y avait eu une véritable perte d'argent. Un autre aspect d'un tel cas était la question de savoir si le journal appartenait à cette catégorie de journaux qui se nourrissent d'attaques personnelles. Il a soutenu que le caractère général du document, un point auquel les jurys étaient susceptibles de prêter une certaine attention, était bon. Les articles en question étaient copiés d'un journal américain, et les propriétaires d'«Answers» se trouvaient dans la position d'avoir été induits en erreur, tout comme les propriétaires du *New York Sun* avaient été induits en erreur par la grande imagination de M. White. Berry semblait être très rapide dans ses méthodes, car son assignation avait été signifiée très peu de jours après la parution de l'article, et sans qu'aucune possibilité ait été donnée à ses clients d'essayer de présenter des excuses à sa convenance. Ses clients s'étaient efforcés de répondre à l'affaire d'une manière parfaitement raisonnable. Ils n'exprimèrent pas un instant le moindre doute qu'ils avaient affaire à un homme honnête, honnête et expérimenté, ils retirèrent toutes les imputations supposées et n'avaient eu aucune intention d'en faire ; et il a soutenu que le témoignage le plus élevé possible était celui d'une personne qui lui avait dit quelque chose de désobligeant. Berry n'avait subi aucun dommage monétaire au-delà des coûts réels de l'action. Il a donc suggéré que le jury rende un verdict qui montrerait que le demandeur avait tout à fait raison de porter l'affaire devant le tribunal, mais qu'il était d'avis que les défendeurs avaient fait tout ce qu'ils pouvaient pour atténuer les méfaits et les ennuis. occasionnés par la publication du libelle.

Sa Seigneurie a ensuite résumé l'affaire et le jury a donné raison au plaignant, avec 100 £ de dommages et intérêts.

FINI.

- 108 -

NOTES DE BAS DE PAGE :

[A] Ce chapitre est tiré textuellement du carnet de notes de M. Berry. Les élisions sont marquées....— ED.

[B] La longueur de chute que vous avez vous-même jugée suffisante, comme je l'ai lu dans le *Standard* .